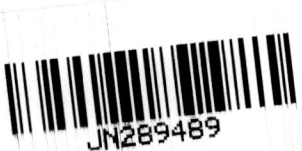

親力をのばす0歳から18歳までの子育てガイド

ポジティブ・ディシプリンのすすめ

著：ジョーン・E・デュラント　監修：セーブ・ザ・チルドレン・ジャパン　訳：柳沢圭子

Save the Children

明石書店

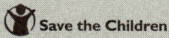

POSITIVE DISCIPLINE

What it is and how to do it

by Joan E. Durrant, Ph.D.

日本語版刊行にあたって
読者のみなさまへ

本書『ポジティブ・ディシプリンのすすめ』は、ジョーン・E・デュランド博士の「Positive Discipline in Everyday Parenting」の全訳です。原書の発行は子ども支援の国際NGOであるセーブ・ザ・チルドレンで、これまで世界30カ国で翻訳され、活用されています。

核家族化、子どもにとって有害な情報の氾濫など、家族と子どもを取り巻く環境は大きく変化し続けています。さらには、都市化により地域の子育て力が低下していると言われる一方、子育てやしつけに自信をもてない親が増加しているとの報告もあります。急速な社会の変化の中、子育てという偉大な仕事をしているわけですから、悩みをかかえたり、自信をなくしたりするのも無理もないことです。セーブ・ザ・チルドレンは、子どもたちの健やかな成長を支えるみなさんの一助になればとの思いから、日本でも本書を刊行することにいたしました。

セーブ・ザ・チルドレンは、国連「子どもの権利条約」の基礎を作った組織として知られています。すべての子どもが子どもらしく生きることができる『子どもの権利』を実現するために、世界中の子どもたちとともに迅速かつ継続的な生活の改善を目指し、活動しています。「子どもの最善」のために尽くすという姿勢は、発足から約100年の歴史を通じて貫かれているものです。創始者ジェブは、「私たち大人がすべきことは、子どもの手のひらに、自分自身を救うための手立てを置くこと」と言っています。本書はそうした歴史と経験に裏付けられた知識と知恵、そして世界的ネットワークを活用してできあがりました。子どもの発達や効果的な育児の研究、そして子どもの人権の理念を組み合わせたもので、いま世界の潮流となりつつある新しい子育て（しつけ）理論にのっとっています。

私はセーブ・ザ・チルドレン・ジャパンの事務局長をしていますが、父親でもあります。子育てという営みは楽しい半面、不安も尽きないものです。子どもの成長とともに、養育者として自分も少しずつ学んできたことを今となれば振り返ることはできますが、常に冷静であったとはとても言えません。でも、この「ポジティブ・ディシプリンのすすめ」と出会い、そのときどきの子どもの言い分や行動にはすべて理由があったということに改めて気づかされる思いでした。

本書は、子どもへの寄り添い方を教えてくれます。それは強制でもなければ、甘やかしを推奨するものでもありません。子どもの幸せ、家族の幸せ、そして未来のため、どのようにすれば子ども自身がもつ力をのばすことができるかということです。子育てやしつけにおいて、「こうすればこうなる」という魔法のようなものはないと思います。子どもが 100 人いれば、その 100 倍以上の方法があると思うのです。重要なことは、子どもにどう寄り添うか、特に問題に直面している子どもにどう声をかけるか、私たち親の姿勢が問われているのではないかと思います。この本を読み演習を進めることで、その姿勢を身に付けることができるはずです。

子どもの誕生を心待ちにしているみなさん、子育て中のみなさん、そして保育や教育などに従事される専門家のみなさんをはじめ、子どものもつ力を信じその力をのばしたいと切に願うみなさんのお役に立てるものと信じています。

2016 年 12 月

公益社団法人 セーブ・ザ・チルドレン・ジャパン
専務理事・事務局長　千賀邦夫

序文

このガイド『ポジティブ・ディシプリンのすすめ』は、国連事務総長の指示により実施された調査・研究「子どもに対する暴力」の結果を踏まえ、それに対する１つの答えとして作成されたものです。この調査・研究によって、家庭における子どもへの不適切な関わりは、世界じゅうのすべての国で行なわれているということがわかりました。また、その適切といえない子育ての根底には、昔ながらの文化的な慣習や、子どものもつ人権への認識不足がある場合が少なくないということがわかったのです。この調査・研究「子どもに対する暴力」では、家庭における子どもへの暴力を減らすため、以下のような事柄の大切さを強調しています。

- 子どもへの暴力を助長するような文化的慣習を変え、その１つとして、体罰をなくすこと
- 子どもとの非暴力的なコミュニケーションや関係を促進すること
- 叩いたり罰を与えたりするしつけに頼らず、日々の課題を解決し、人との衝突を解決する技術を、親がもつこと
- ひとりの人間としての子どもや家族を尊重すること、そして子どもの尊厳や発達上のニーズを尊重すること
- 子どもの発達に対する理解を深めること
- 子どもの人権に対する認識を高めること

調査・研究「子どもに対する暴力」についてもっと詳しく知りたい方は、
www.violencestudy.org〔言語は英語〕を参照してください。

子どもの権利とは何でしょう？

人はみな、基本的人権をもっています。それは人種や肌の色、性別、言語、宗教、意見の違い、家柄、貧富の差、婚内子・婚外子の別、そして障がいの有無に関係なく、誰にでもあるものです。

人権は大人だけにあるものではありません。子どもにも人権があります。でも、子どもは体が小さく、ひとりでは生きられないため、大人からは権利をもった一人前の人間とは見なされないことが多くあります。

1989 年、世界の指導者たちは、すべての子どもの基本的人権を明確に述べた条約――「子どもの権利条約」――に賛同しました。子どもにも人権があるということを、世界じゅうの人たちにあまねく知らせたいと思ったのです。世界のほぼすべての国が、この「子どもの権利条約」を批准しています。批准した国はみな、子どもの人権を必ず守ると誓約しています。

「子どもの権利条約」は、子育てにおいて中心的な役割を担うのは親（保護者）であることを認めています。親は子どもにとって最も重要な教師であり、お手本であり、案内役なのです。

ただし、親は子どもの所有者ではありません。どんな人も、ほかの人の所有物であってはならないことは、人権の原則です。

「子どもの権利条約」は、次ページに示す権利を子どもに保障しています。

子どもの権利

■ 生存し、自分の可能性を最大限にのばす権利

- ○ 十分な食べもの・住居・きれいな水
- ○ 教育
- ○ 保健・医療
- ○ 余暇と娯楽
- ○ 文化活動
- ○ 自分の権利に関する情報
- ○ 尊厳

■ 次のようなものから守られる権利

- ○ 暴力と育児放棄（ネグレクト）
- ○ 搾取
- ○ 残虐な行為

■ 次のような方法で、意思決定に参加する権利

- ○ 意見を表明し、意見を尊重される
- ○ 自分に影響する事柄について発言権をもつ
- ○ 情報を得る手段をもつ
- ○ ほかの人と自由に交友する

ポジティブ・ディシプリン（前向きな・肯定的なしつけ）は、子どもが健やかに発達する権利と、暴力から守られる権利、そして子ども自ら学ぶ権利を土台としています。このガイドは、子どもの人権を尊重しながら子どもに教え、育む方法をみなさんに伝えるものです。

国連「子どもの権利条約」についてもっと詳しく知りたい方は、
以下のサイトから参照してください。
http://savechildren.or.jp

『ポジティブ・ディシプリンのすすめ』

目　次

note

ブックデザイン　吉森太助
表紙イラスト　大西　洋
写真協力　是津　哲

はじめに

子育てとは、楽しみと、いらだちと、喜びと、疲れを伴う旅路です。その大変さは並大抵のものではありません。生まれたばかりの人間の手を取り、大人になるまでの道案内をし、幸せで満足のいく人生を送るのに必要なすべての知識を授けなければなりません。

どの親もみな、これは自分の手に負えない仕事だと感じることがあります。何をどうすればいいのか、皆目わからないときもあります。また、自分が何をしても間違っているように思えるときがあります。それに、子育て以外のありとあらゆるストレスでまいってしまうときもあります。

私たちの多くが、実際に子育てをしながら子育てのしかたを学びます。子どもの発達についてわからないことがほとんどなので、私たちは自分の直感や、子ども時代の経験に頼ります。でも実は、私たちの直感はよく考え抜かれたものではなく、単なる感情的な反応である場合が少なくありません。それに、私たちの子ども時代の経験の中には好ましくない経験があったり、さらには暴力を含むような経験さえあったりします。

そのため、しつけ（discipline）とはただ叱って叩くことでしかないと思っている親も大勢います。また、親として感情をコントロールできず自己嫌悪に陥る人もいれば、どうしたらいいのかわからず途方に暮れる人もいます。

でも、しつけをする方法はほかにもあります。実は、「しつける」というのは「教える」という意味なのです。「教える」ということは、達成したい目標を決め、そのために効果的な教え方を考え、それを可能にする方法を見つけることを基礎とします。

「子どもの権利条約」は、体罰を含むあらゆる形の暴力から守られることを子どもに保障しています。また、子どもが尊重される権利と、尊厳をもつ権利も、この条約で認めています。

「ポジティブ・ディシプリン」は子育ての旅路の中で、ぶったり、叩いたり、罰を与えたりすることなく、子どもを学習者として尊重します。子どもが社会で上手に生きていけるように手助けし、役立つことを教え、成長を支えるような、**教え方**を提案します。

子どもは、あらゆる形態の暴力から守られる権利をもっています。

国連「子どもの権利条約」第 19 条

子どもの発達と効果的な育児法については、数十年もの研究から多くのことがわかっています。そんな研究結果が、このガイドを支えています。このガイドが紹介する方法は、そういった研究結果に裏付けられているものです。

ポジティブ・ディシプリンは、 子どもの発達に関する研究成果に基づき、「ぶったり、罰を与えたりすることなく」、「子どもとともに日々の課題に向き合い」、「子どもを人として尊重する」、そのような子育てを目指します。

ポジティブ・ディシプリンは、子育てにおける１つの道筋を示します。それはさまざまな場面に応用するための、一連の原則です。難しい場面だけではなく**あらゆる**場面で、お子さんと向き合う日々の手引きとしていただきたいのです。

「子どもの権利条約」では、親が親としての重要な役割を果たすため、支援を受ける権利があると認めています。このガイドの目的は、叩いたり罰を与えたりしない子育て法を身につけるための考え方やサポートを、みなさんに提供することにあります。

親は育児に関わる支援と援助を受ける権利をもっています。

国連「子どもの権利条約」第 18 条、第 19 条

ポジティブ・ディシプリンは、
子どもの健やかな発達に関する私たちの知識と、
効果的な育児法に関する研究結果、
そして子どもの権利の原則とを組み合わせたものです。

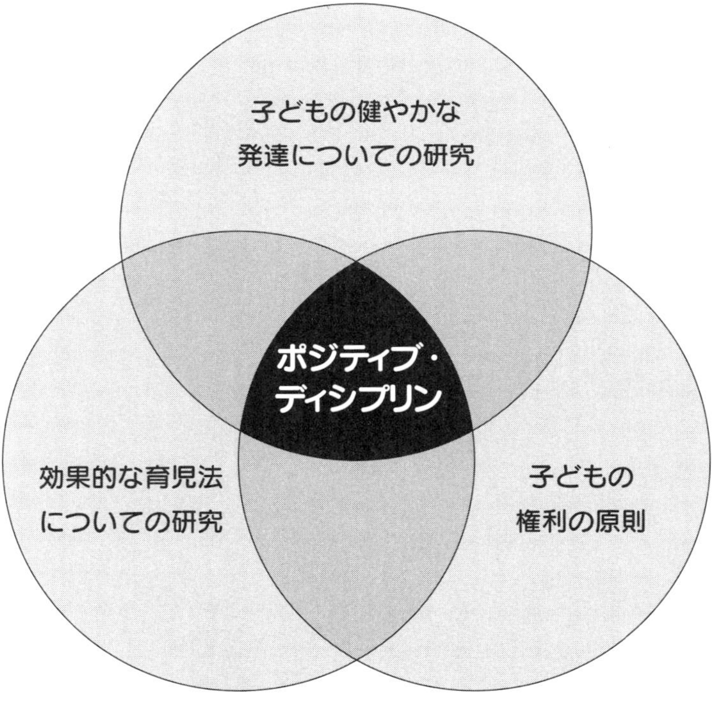

このガイドを読んでいただきたい方

このガイドの対象読者は、お子さんをもつ親のみなさんです。お子さんの年齢は関係ありません。誕生時から思春期の終わりまで、子どもとの生活でよく起きる問題を、この本では取り上げています。ここに盛り込まれている情報はどんな家族にも役立ちうるものです。

これから親になる人も、本書の対象読者です。前もって子育てについて考えておくと、後でとても役に立つかもしれません。詳しい知識をもち、心の準備ができていれば、難しい場面にうまく対処できる確率がずっと高くなるでしょう。

そして子育て支援の現場の方なども、本書の対象読者です。たとえば、親教育をする立場の人や、親の自助グループのファシリテーター、そして家族支援の仕事に就いている人がそうです。あなたの仕事における対象が個人でもグループであっても、本書の内容を議論のきっかけにしたり、日々の子育てで起きる問題の解決方法を身につけてもらったりするために、役立てることができるでしょう。

子どもの中には、その年齢では一般に見られない特別な課題をもっている子がいます。たとえば自閉症や、注意欠陥障害、胎児性アルコールスペクトラム障害、発達の遅れ、脳損傷などです。あなたのお子さんの行動が特に心配なときは、できるだけ早く手助けとアドバイスを求めた方がいいでしょう。このガイドはどの家族にも役立ちうるものですが、子どもの症状が一般的でない可能性がある場合、特別な訓練を受けた専門家——かかりつけの医師や保健師など——から助言を受けることをお勧めします。

ポジティブ・ディシプリンは、

自由放任の育児法では**ありません。**

子どものしたい放題にさせる方法では**ありません。**

ルールや制限や期待を課さない方法では**ありません。**

場当たり的な対応、または叩いたり殴ったりすることに代わるほかの罰を提案する方法では**ありません。**

では、ポジティブ・ディシプリンは何かというと、

お子さんの自己学習能力を養い、将来につながる解決策を考えることを子育ての中心に据えるものです。

期待やルール、制限事項をはっきりさせ、意思疎通を図るものです。

お互いに尊重し合う親子関係を築くことを目的とします。

社会で生きていく方法をお子さんに教えることを目的とします。

難しい場面に対処するときのため、お子さんのちからをのばし自信をもてるようにすることを目的とします。

礼儀、非暴力、共感、自尊の心、人権、そしてほかの人を尊重する精神を教えるものです。

ガイドの構成

本書は、ステップを追って順に読み進めるように構成されています。いずれのステップも、その前のステップを踏まえています。ですから全体を初めから読み、順に演習問題に取り組む方法が最も効果的です。

ポジティブ・ディシプリンの考え方を身につけるときに忘れないでいただきたいのは、親も子どもも、みんな学習者であるということです。誰もが試行錯誤して、最後にようやく成功するのです。

子育てとは目的地ではなく、旅そのものです。
どんな旅にも、準備が必要です。

まずは、この旅に必要なものについて、しっかり考えていきましょう。

ポジティブ・ディシプリンは子育てへの**取り組み方**を提案します。

それは１つの**考え方**です。

ポジティブ・ディシプリンは、効果的な育児に必要とされる４原則に基づいています。それは、① **長期的な目標を決めること**、② **温かさを与え、枠組みを示すこと***、③ **子どもの考え方・感じ方を理解すること**、そして ④ **課題を解決すること**を重視するものです。

ポジティブ・ディシプリンの４原則

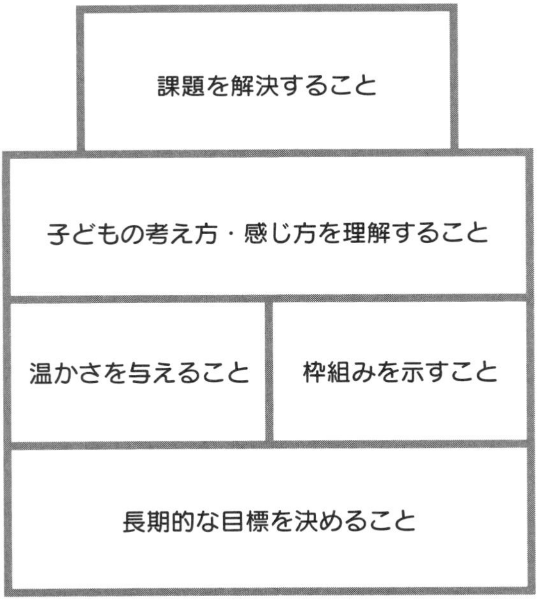

＊温かさ：ここでいう温かさとは、「いつも守られているという実感」「いつも理解者がいるという実感」を伴う安心の根拠となるものを意味します。
枠組み：ここでいう枠組みとは、子どもたち自らの学びと成長を支えるために必要な情報、わかりやすいルール、親が示す一貫性のある手本を意味します。

第１章から第４章までの各章は、これらの原則を１つずつ詳しく取り上げていきます。

第１章では、子育てにおける短期的な目標と長期的な目標の違いを説明します。あなたのお子さんの成長について、あなた自身の目標を考えていただきます。

第２章では、お子さんに温かさを与え、枠組みを示すことの重要性を説明します。いま現在あなたが子育てにおいて、どのようにお子さんに温かさを与え、枠組みを示しているか、そして、より積極的にそれを行なうにはどうすればいいかについて一緒に考えます。

第３章では、子どもの発達に関して説明します。それぞれの年齢において、子どもはどう考え、どう感じるのか、そして子ども特有の行動にはどういう理由があるのかについて、知識を共有します。

第４章では、子どもによく見られる行動の例を年齢ごとに紹介していきます。子どもがとる行動の背景にあるものを理解するため、日々の課題の解決をテーマとした演習に取り組みます。

第５章は、まとめになります。第１章から４章までで学んだ原則のすべてをつなげる作業です。第４章で例に挙げた子どもの行動を振り返り、そういった行動への親の対応の善し悪しを、あなたが判断していきます。ポジティブ・ディシプリンの考え方を習得するとともに、なぜこの方法がとても効果的なのかをより深く理解していただくためのものです。

あなたがここで身につける技術は、少しずつ実践されることをお勧めします。実際の子育てで試してみる前に、ポジティブ・ディシプリンの原則を頭にイメージできるようにしておくことがとても大切です。

お子さんと接するとき、ご自分の子育てにおける長期的な目標や、温かさと枠組みを与える方法、そしてお子さんがとっている行動の理由について考えるようにしてみてください。あなたのしつけに関する考え方はだんだん変わっていくはずです。そのうえで実践を積み重ねることにより、あなたの技術はさらに磨かれていくことでしょう。

ポジティブ・ディシプリンの４原則が大切な時期は、お子さんが幼いうちだけではありません。大人になるまでずっと欠かせないものです。たとえお子さんが 20 歳であっても、あなたはこの４つの原則を踏まえることで、お子さんが意思決定をしたり、日々の課題を解決したり、人との衝突に対処する建設的な方法を考えたりする手助けができるでしょう。

第1章
長期的な目標を決める

誕生の瞬間から大人になるまで子どもを育て上げるなんて、こんなに重要な仕事をすることは私たちの一生の中でもめったにないでしょう。なのに、どこを目指すかを考えないまま、この旅を始めてしまう人が少なくないのです。

この章では、あなたの子育ての目標について考えていただきます。あなたはご自分の立てた目標を土台として、ここからポジティブ・ディシプリンの技術を築いていくことになります。

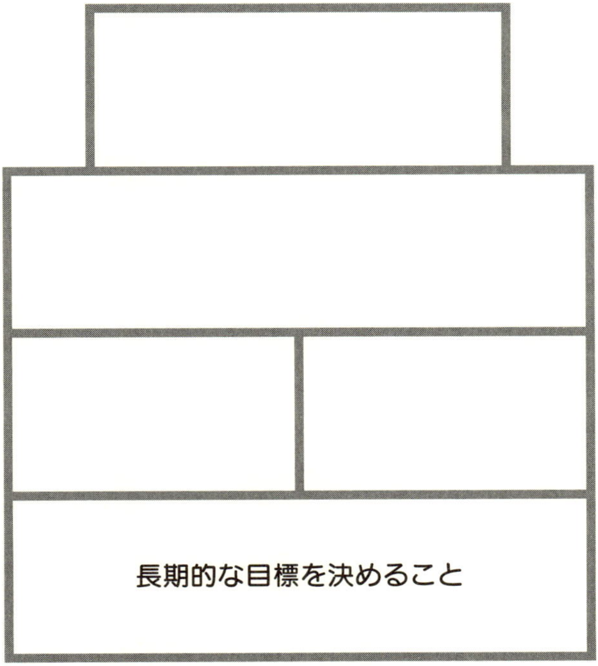

こんな場面を想像してみてください……

　あなたの家の、いつもと同じようなある朝のことです。

　お子さんは学校に行く支度《したく》をしていますが、出かける時間がどんどん迫ってきています。

　この朝、あなたがお子さんにやり遂げてもらいたいことは何ですか？

　つまり、あなたのこの朝の**子育ての目標**は何でしょう？

演習　子育ての目標 1

この朝、出かけるまでに、お子さんにやり遂げてほしいことを5つ挙げてください。

1

2

3

4

5

では、あなたが書き出したこの朝の目標について考えてみましょう。あなたはお子さんに達成してもらいたい目標として、こんなことを挙げたかもしれません。

さっさと着替える
さっさと食べる
あなたの言うことをきく
あなたの言ったことをすぐにやる

こういったものはすべて**短期的な目標**といえます。

短期的な目標というのは、親が**いますぐ**子どもにやり遂げさせたいことです。たとえば、あなたはお子さんに、こう望んでいるかもしれません。

いま靴を履いてほしい
いま車道から歩道に上がってほしい
いま家の中に入ってほしい
いま妹を叩くのをやめてほしい

親の毎日は、短期的な目標を達成する方法探しの連続です。それが子育ての現実です。

その結果、私たちは自分が親として**本当に**やり遂げたいことを忘れてしまいがちです。

こんな場面を想像してみてください……

お子さんはすっかり大人になりました。これから、20 歳の誕生日を祝うところです。

ゆっくりと目を閉じて、20 歳になったお子さんの姿を想像してみてください。

20 歳になったとき、あなたはお子さんにどんな人になっていてほしいですか？

20 歳になったとき、あなたはお子さんとどのような関係を築いていたいですか？

演習

子育ての目標 2

あなたは、お子さんが 20 歳になったときどんな大人になっていてもらいたいですか？　あなたが望むことを 5 つ挙げてください。

1

2

3

4

5

では、あなたが書き出した子育ての目標について考えてみましょう。

あなたはお子さんのこんな姿を思い描いたかもしれません。

- ○ 日々直面する課題を上手に解決できる
- ○ コミュニケーションが上手
- ○ あなたといい関係を築いている
- ○ あなたが年を取ったら、いたわってくれる
- ○ 人に共感し、人を尊重する
- ○ 善悪の区別がつく
- ○ 責任を負う
- ○ 正直で誠実
- ○ 家族や友だちを裏切らない
- ○ 配偶者を大切にする
- ○ 自信をもっている
- ○ 厳しい試練を克服する意欲がある
- ○ 自分の頭でものごとを考えられる

長期的な目標とは、子どもが成人するまでに、あなたが親として達成したい目標です。

長期的な目標として、あなたはお子さんに、次のような人になってもらいたいと望んでいるかもしれません。

- ○ 親切で、人を手助けする人
- ○ 思慮深く、礼儀正しい人
- ○ 賢い意思決定ができる人
- ○ 正直で、信頼に足る人
- ○ 暴力を振るわない人
- ○ あなたをいたわってくれる人
- ○ 愛情深い親になれる人

長期的な目標は、達成までに時間がかかります。何年もかかるのがふつうです。でも、これこそが子育ての本質なのではないでしょうか。

長期的な目標とは、
子どもが成人するまでに
親が達成したい目標です。

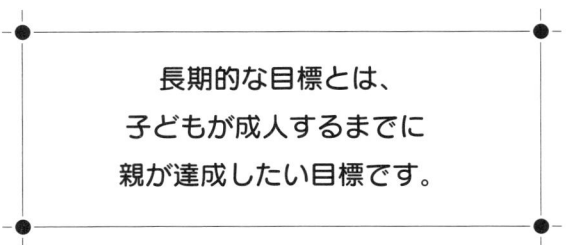

子育てで特に難しいのは、短期的な目標を達成しながら長期的な目標を達成することです。なぜなら、この２つは相いれない場合が多いからです。

ここで、お子さんが登校の支度をしている場面に戻りましょう。

いつもの時刻をもうとっくに過ぎています。お子さんは朝食をとり、服を着替え、歯を磨き、時間どおりに家を出なければなりません。

この瞬間、あなたが望むのは、とにかくお子さんを遅刻させずに学校へ送り出すということだけです。あなたはストレスを感じています。なのに、お子さんがぐずぐずしたり、ほかのことに気を取られたりしているので、あなたはいらだってしまいます。

お子さんがもっときびきび動くように、あなたは怒鳴るかもしれません。それどころか、手をあげて叩くかもしれません。

あなたはこの瞬間、**いま**お子さんを家から送り出すという**短期的な目標**に意識を集中させている状態です。

でもこのとき、あなたの長期的な目標はどうなるのでしょうか？

お子さんを怒鳴るとき、あなたは礼儀の守り方を教えていることになるでしょうか？

お子さんを叩くとき、あなたは問題の解決法を教えていることになるでしょうか？

私たちが目の前の問題に対処する姿は、子どもの手本となります。子どもは私たちの姿を見て、ストレスへの対処のしかたを学ぶのです。私たちがストレスを感じたときに怒鳴ったり叩いたりしたら、子どもはそういった対処法を学んでしまいます。

一時的ないらだちを感じたとき、親は自らの長期的な目標の妨げになるような対応をとりがちです。怒鳴ったり叩いたりしては、将来に向けてお子さんに学ばせたいのとは逆のことを教えてしまうだけです。

あなたはこのような対応をとるたびに、より良い対処法をお子さんに教えるチャンスを逃してしまうのです。

では、短期的な目標と長期的な目標の**両方**を達成するには、私たちはどうすればいいのでしょうか？

効果的なしつけの鍵は、短期的な課題を解決したい場面を、長期的な目標に一歩近づく**チャンス**ととらえることです。

自分がいらだってきたと感じたとき、それは大切なことを——**いま**お子さんに靴を履かせるよりずっと大切なことを——お子さんに教えるチャンスだという合図なのです。

こういうとき教えられるのは、たとえば以下のようなことです。

- ストレスへの対処法
- 丁寧にコミュニケーションをとる方法
- 叩いたりすることなく、人との衝突に対処する方法
- 人の気持ちを思いやる方法
- 人の体や心を傷つけることなく、自分の目標を達成する方法

あなたがいらだったときこそ、お子さんの手本となるチャンスが訪れます。うまく対処すれば、お子さん自身がいらだったときにどうすればいいか、その方法を教えることになるのです。

そのためには、どうしたらいいのでしょうか？　その答えが、ポジティブ・ディシプリンの実践にあります。

第2章
温かさと枠組みを与える

長期的な目標は、ポジティブ・ディシプリンの考え方を身につける土台となります。

そして、この考え方を身につけるには２つの道具が必要です。温かさと、枠組みという道具です。

第２章では、温かさと枠組みとは何なのか、そしてなぜこの２つが重要なのかを学んでいきます。あなたの長期的な目標の達成に近づくような方法で、お子さんに温かさと枠組みを与えるにはどうすればいいのかを考えていきましょう。

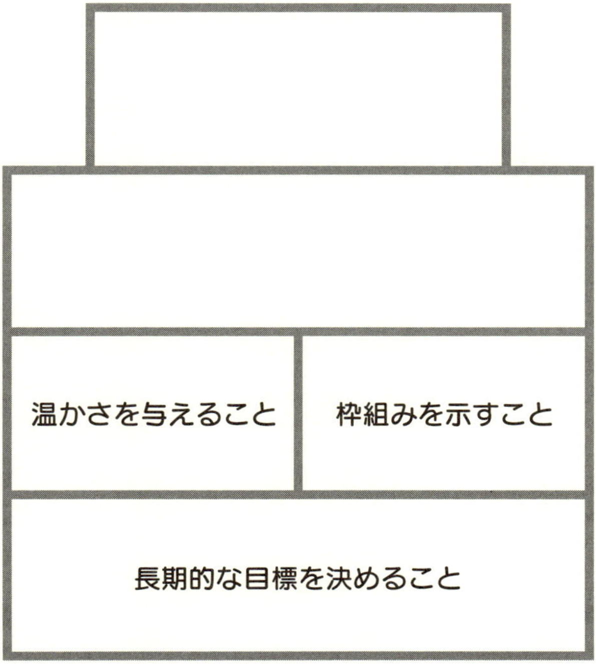

温かさを与えること

温かさとは何でしょうか？

安心感

無条件の愛

言葉や行動による愛情表現

子どもの発達段階に対する配慮

子どもの欲求に気づく敏感さ

子どもの気持ちに対する共感

家庭が温かい雰囲気であれば、子どもは親を喜ばせ**たがり**ます。

温かさがあれば、その場の協調をうながす**だけでなく**、生涯にわたる価値観をも学ぶことになります。

親が子どもに温かさを与える方法をいくつか紹介します。

親が子どもに温かさを与える方法

子どもに「大好き」と言う	子どもが間違いを犯しても、親の愛情は変わらないことを子どもに伝える	本を読み聞かせる	子どもを抱きしめる
子どもが傷ついたり、おびえたりしているとき、慰める	子どもの話を聴く	子どもの視点から状況を眺めてみる	子どもをほめる
子どもと一緒に遊ぶ	子どもと一緒に笑う	子どもが問題に直面しているとき、支える	子どもが難しいことに挑戦するとき、励ます
信じているよ、と子どもに言う	子どもの努力や成功を認める	子どもに対する信頼感を表す	子どもと楽しいことをする

演習 なぜ温かさが大切なのでしょう？

なぜ温かさがしつけにそれほど大切なのかを理解するため、自分が外国語を習おうとしているときのことを想像してみてください。

1 **学習の効果が上がるのは、先生がどんな態度のときですか？**

a) あなたが正しくできている点を示してくれるとき ■…………… □
b) あなたが間違っている点しか示してくれないとき ■…………… □

2 **学習の効果が上がるのは、あなたがどういう気分のときですか？**

a) 先生と一緒にいて安心感を覚えるとき ■…………… □
b) もし間違ったら先生にぶたれると、びくびくしているとき ■…………… □

3 **学習の効果が上がるのは、先生についてあなたがどう思っているときですか？**

a) 自分がどんなに間違っても、そばにいて支えてくれると思っているとき ■…… □
b) 自分が間違ったら、怒って教室を飛び出してしまうと思っているとき ■… □

4 **どんな先生を喜ばせたいですか？**

a) 親切で理解のある先生 ■…………… □
b) あなたを怒鳴ったり、恥をかかせたり、けなしたりする先生 ■…………… □

5 **ほかの外国語も習いたいと思うのは、先生がどう言ってくれたときですか？**

a) あなたはとても優秀だと言ったとき ■…………… □
b) あなたはばかだと言ったとき ■…………… □

6 **「わからない」と打ち明けたいと思うのは、先生が何をしてくれそうなときですか？**

a) 話を聴いて、手助けしてくれそうなとき ■…………… □
b) 怒って、あなたに罰を与えそうなとき ■…………… □

演習　温かさを与える

あなたがお子さんに温かさを与える方法を5つ挙げてください。

1

2

3

4

5

あなたが書き出した５つの例のうち、以下のような特徴をもっているのはどれでしょうか。ボックスに１～５の番号を記入してください。

お子さんに安心感を与えられそうなもの

□ □ □ □ □

お子さんに無条件の愛を感じさせられそうなもの

□ □ □ □ □

言葉や行動でお子さんに愛情を表現しているもの

□ □ □ □ □

お子さんの発達段階に対して配慮をしているもの

□ □ □ □ □

お子さんの欲求を敏感に察知しているもの

□ □ □ □ □

お子さんの気持ちに共感を示しているもの

□ □ □ □ □

枠組みを示すこと

枠組みを示すとはどういうことでしょうか？

子どもの行動のあり方についてはっきり伝えること

子どもが成功できるようなサポートをすること

良い手本（モデル）を見せること

子どもが自分で考え､アイディアを出せるような後押しをすること

親の考える理由をはっきりと子どもに説明すること

一緒に問題解決をすること

枠組みは、お子さんが大切な事柄を学ぶ過程において、役立つものです。また、お子さんが自分の間違いを理解し、間違いを正すために何ができるかを考える手助けになります。

枠組みは、お子さんが次に同じような場面に遭遇したとき、成功できるように必要な情報を与えます。

枠組みは、あなたがいないとき、お子さん自身が課題を解決できるように、必要な準備をさせます。

枠組みは、ほかの人と意見が食い違ったとき、暴力を使わず建設的に解決する方法を示します。

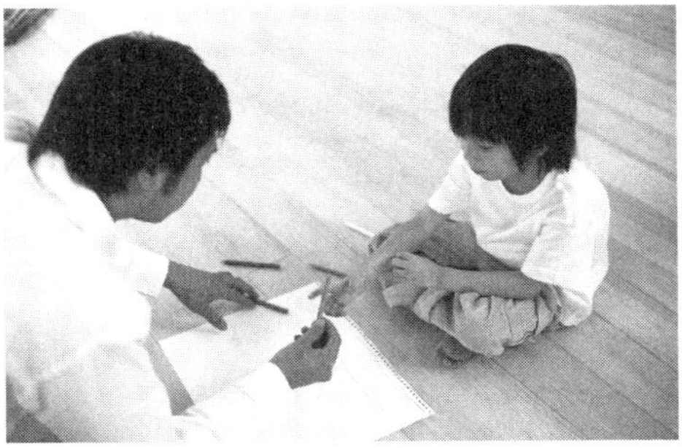

親が子どもに枠組みを与える方法をいくつか紹介します。

親が子どもに枠組みを示す方法

難しい場面に対する心構えをさせるため、どんなことが起こるか、どうすればそれを乗り切れるかを教えておく	決められたルールの背景にある根拠を説明する	ルールについて子どもと話し合い、子どもの意見を聴く
次に活かすことができるよう間違いの正し方を子どもに見つけさせる	子どもに対して、公平で柔軟な態度をとる	子どもの前で、「怒り」をコントロールする
親の意見を説明し、子どもの意見に耳を傾ける	子どもの行動がほかの人に与えうる影響について教える	子どもが上手な意思決定をするのに必要な情報を与える
まめに会話をする	叩くとか、かわいがるのをやめるとか、お化けがつかまえにくるなど、子どもの怖がることをちらつかせ、脅かさない	親自身が子どものいい手本となり、案内役を務める

演習 なぜ枠組みが大切なのでしょう？

なぜ枠組みがそれほどしつけに大切なのかを理解するため、もう一度、自分が外国語を習おうとしているときのことを想像してみてください。

1 学習の効果が上がるのは、先生がどういう教え方をするときですか？

a) 新しい単語の綴りを示し、綴り方のルールを教えてくれるとき ■……… □

b) 新しい単語の綴りをあなたに推測させ、間違ったら罰を与えるとき ■……… □

2 もっと勉強したいと思うのは、先生がどんな態度のときですか？

a) 完璧ではないときも、あなたの努力を認め評価してくれるとき ■……… □

b) もし間違ったら罰を与える、と脅かすとき ■……… □

3 学習の効果が上がるのは、先生がどういう対応をするときですか？

a) テストで高得点を取るために必要な情報をくれるとき ■……… □

b) 必要な情報をくれず、落第点を取ると怒るとき ■……… □

4 どんな先生を喜ばせたいですか？

a) あなたが間違えたところについて話し合い、次はもっとよくできる方法を教えてくれる先生 ■……… □

b) 間違えると叩く先生 ■……… □

5 ほかの外国語も習いたいと思うのは、先生がどうしてくれたときですか？

a) ヒントやアドバイスをくれ、挑戦するよう励ましてくれたとき ■……… □

b) あなたは絶対に習得できないだろう、と言ったとき ■……… □

6 「わからない」と打ち明けたいと思うのは、先生が何をしてくれそうなときですか？

a) あなたがつまずいている理由を理解しようと努め、新しい学習法を見つける手助けをしてくれそうなとき ■……… □

b) 怒って、あなたに罰を与えそうなとき ■……… □

演習　枠組みを示す

あなたがお子さんに枠組みを示す方法を 5 つ挙げてください。

1

2

3

4

5

あなたが書き出した５つの例のうち、以下のような特徴をもっているのはどれでしょうか。ボックスに１～５の番号を記入してください。

子どもの行動のあり方についてはっきりした方向性を示しているもの

□ □ □ □ □

子どもへの期待をはっきり言葉で伝えているもの

□ □ □ □ □

根拠をはっきり説明しているもの

□ □ □ □ □

子どもの成功に役立つ手助けとなるもの

□ □ □ □ □

子どもが自分の頭で考えるように後押ししているもの

□ □ □ □ □

子どもとの話し合いが含まれるもの

□ □ □ □ □

ポジティブ・ディシプリンでは、子どもが発達していくすべての期間を通じ――幼少時から大人の入口にたどり着くまで――温かさと枠組みを組み合わせて実践していきます。

ポジティブ・ディシプリンは、親が短期的な目標と長期的な目標の**両方**を達成するのに役立つ考え方なのです。

ポジティブ・ディシプリンでは、子どもに次のことを教えます。

どうすれば課題を解決できるか

どのように自分の頭で考えるか

どうすればほかの人とうまくやっていけるか

どうすれば暴力を使わず、人との衝突を解決できるか

どうすれば親がいないときも、正しい行動をとれるか

ポジティブ・ディシプリンは、「子どもは親に期待されていることを知らずに生まれてくる」という考えを前提としています。

子どもは学習者です。学習がいちばんうまくいくのは、支援を受けることができ、情報を与えられたときです。子どもの年齢に応じて、異なった「支え」と「情報」が必要になります。

温かさ＝安心・安全
枠組み＝情報・サポート

第３章では、子どもの発達について見ていきます。発達に関する理解を深めることで、それぞれの発達段階にある子どもにどんな温かさと枠組みが必要なのか、考えることが容易になります。

第3章

子どもの考え方・感じ方を理解する

ポジティブ・ディシプリンの３番目の原則は子どもの考え方・感じ方を理解することです。

１歳児、５歳児、13歳児、それぞれの目線から世界を眺めてみると、子どもの行動の理由がだんだんわかってきます。そうなればずっと効果的に、子どもにものごとを教えられるようになります。

第３章では、お子さんの発達段階にふさわしい温かさと枠組みを与え、子育ての目標を達成する方法を一緒に考えていきます。

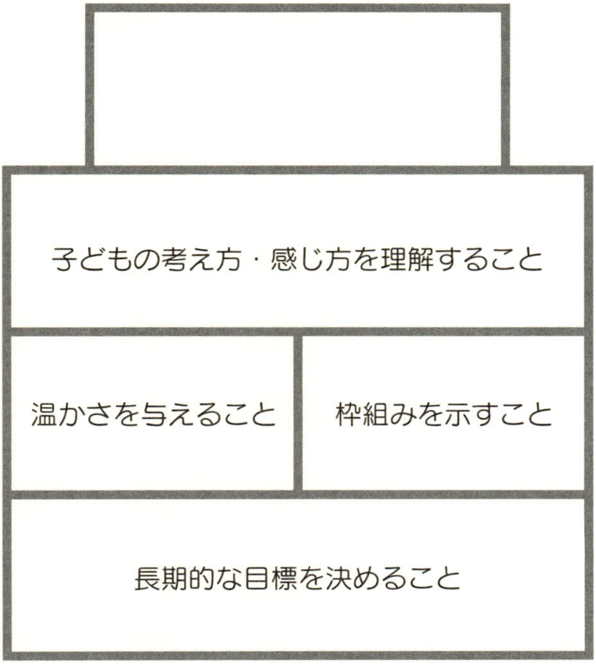

0～6カ月

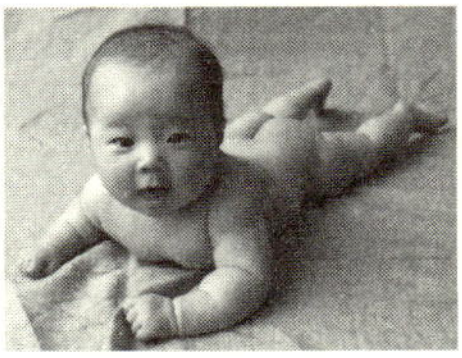

小さな赤ちゃんは、この世に生まれてきたばかりです。

ものごとをよく理解できませんし、すぐに怖がります。小さな赤ちゃんは、自分が安全で、守られていると知る必要があるのです。

この段階では、親が赤ちゃんに**温かさ**をたっぷり与えることがとても大切です。

この段階では枠組みは必要ありません。赤ちゃんはルールも説明も理解できません。ただ、「自分の必要としていることは満たされる」ということを知る必要があるだけです。

赤ちゃんは言葉を知りません。何かが必要なときは、泣いて知らせます。あなたが自分に耳を傾け応えてくれると信じていいものか、赤ちゃんはすぐに学んでしまいます。

この段階で親ができる最も大切なことは、赤ちゃんに応えることと、赤ちゃんが求めているものを知ろうと最大限の努力をすることです。

赤ちゃんにとって特に必要なのは、抱っこをしてもらうこと、抱きしめてもらうこと、ゆっくり体を揺らしてもらうこと、それに抱いて歩いてもらうことなどです。

抱きしめることはあなたと赤ちゃんの関係において、とても大切なことです。あなたと一緒にいて安心感をもてた赤ちゃんは、もう少し大きくなったとき、不安を感じずに新しいことをどんどん学びはじめるでしょう。

抱きしめることは赤ちゃんの脳の発達にも大切です。ゆっくり体を揺らしたり、抱いて歩いてもらうことは、いわば脳が発達するための栄養になります。脳細胞どうしのつながりを作るのです。

小さな赤ちゃんは、**自分自身の**感じていることが何なのかわかりません。もちろん、**あなたの**気持ちもわかりません。

赤ちゃんが泣いても、それはあなたを怒らせるためではないのです。「怒る」とはどういうことかさえ、赤ちゃんは知りません。自分がなぜ泣いているのかすら、わからないのです。ときに、自分の泣き声にびっくりする赤ちゃんもいます。

泣くのは自然なことです。それをぜひ忘れないでください。あやしたとき泣きやまないのも、やはり自然なことです。特に夕方には長く泣きつづけることがありますが、それも自然なことです。

この段階で親にできる最も大切なことは、赤ちゃんに「あなたは守られていますよ」と伝えることです。あなたと一緒にいて安心感をもてる赤ちゃんは、あなたとの間に強い**アタッチメント**を築くでしょう。

このアタッチメントこそが、今後の親子関係の根幹となるものです。

また、この段階で赤ちゃんは、筋肉の使い方を学びます。手で握ることや、口で噛むことを学ぶのです。赤ちゃんはものをつかむのが大好きですし、何でも口の中に入れてみます。

ものを握ったり噛んだりすることによって、赤ちゃんは筋肉を鍛えています。握ることで、赤ちゃんは手や指の使い方を学びます。噛むことで、固形物を食べたり話をしたりするのに必要な筋肉が鍛えられます。

もし赤ちゃんがあなたのアクセサリーをつかんで口に入れたとしても、それは「お行儀悪く」振る舞っているのではありません。本能に従っているだけです。その物体が何か知るために、自分ができる唯一の方法を使っているのです。それと同時に、とても大切な筋肉を鍛えています。

赤ちゃんが自分の指でものを口に入れられるようになったら、害になりそうなものを１つ残らず遠ざけるのがあなたの仕事です。小さなものを口に入れたら、窒息してしまう恐れがあります。薬品類やゴミを口に入れたら、病気になる場合もあります。

触れたり噛んだりすると害になりそうなものはすべて、赤ちゃんの周囲から取り除いておくことがとても大切です。

この月齢の赤ちゃんには、危険など理解できないということを忘れないでください。とにかく、周囲を安全に保つようにするのがいちばんの方法です。もっと大きくなって、言葉や理解力が発達したら、危険についてだんだんと教えていくことができます。

6～12カ月

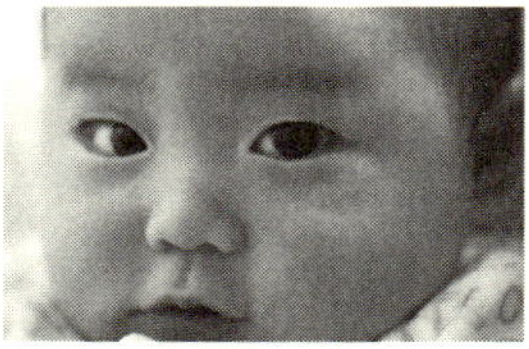

この月齢になると多くの場合、赤ちゃんは泣くことが減り、笑うことが増えてきます。

泣くのは、あなたがどこかへ行ってしまって不安だからかもしれません。この月齢の赤ちゃんは、あなたが部屋を出ていったことはわかるけれども、後で戻ってくるということをまだ理解できないのです。

この状況は赤ちゃんにとってひどく恐ろしく、また心細くてたまらないものかもしれません。

この段階で、とても大切なあなたの仕事は、赤ちゃんの心にあなたへの**信頼**を育むことです。あなたがいつもそばにいることを、赤ちゃんは知る必要があるのです。

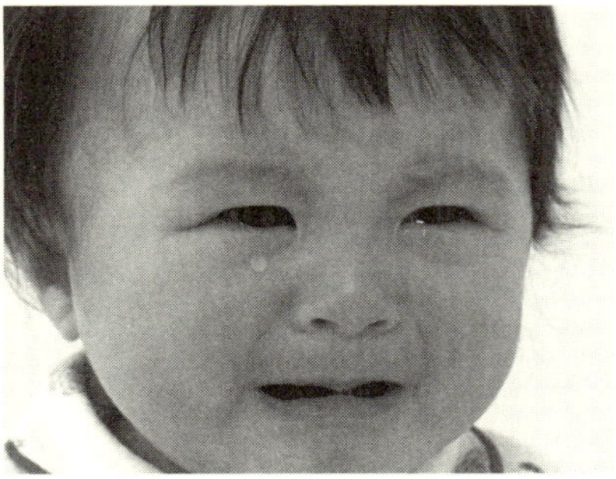

この月齢の赤ちゃんが泣く理由としてほかに考えられるのは、**歯**が生えてきているということです。歯が生えるときにとても痛むことがあるのですが、赤ちゃんはあなたに「痛い」と言うことができません。

さらに、病気も泣く理由の１つとして考えられます。言葉が使えない赤ちゃんは、具合が悪くても伝えることができません。

熱があっても、頭が痛くても、お腹が痛くても、のどが痛くても、吐き気がしても、どのようにあなたに伝えればいいのかがわかりません。できるのはただ、泣くことだけです。

泣く理由はまだあります。それは、脳が「整って」きていることです。

毎晩、同じ時間に赤ちゃんが泣くのは自然なことです。これは、体や脳にリズムができてきている証拠です。泣くのも、このプロセスの一環なのです。

でも、赤ちゃんは自分に何が起きているのか知るよしもありません。何らかの感覚に襲われて泣いているとき、あなたがそばにいると知れば、赤ちゃんはとても心強いはずです。

子どもは、発達段階の能力にふさわしい世話と指導を受ける権利をもっています。

国連「子どもの権利条約」第５条

この段階で起きる出来事のうち、特にうれしいのは、赤ちゃんがおしゃべりを始めることです。最初に話す言葉は喃語《なんご》です。「バー」とか「ダー」とか「マー」などという音を発しはじめるでしょう。

そんな喃語に親が返事をしてくれると、赤ちゃんは自分の母国語の音を覚えます。赤ちゃんが「バー」と言ったら、「バー、バー、バー」と返しましょう。

赤ちゃんの喃語にあなたが返事をすると、赤ちゃんは「バー」という音が重要だと知り、その発音を繰り返し練習するようになります。ほどなく、その音は１つの単語に変わっていくでしょう。

同時に、赤ちゃんは自分が話をすると、親が耳を傾け、返事をしてくれることを学びます。

赤ちゃんの喃語や、しゃべりはじめの頃の言葉にあなたが返事をすることは、親子関係の中でも特に大事な要素、つまり**コミュニケーション**を促す最初の一歩です。

この初期の段階で、どうすれば自分の気持ちを伝えられるか、お子さんが学べるよう手助けすることができます。あなたはお子さんの話に耳を傾けるということ、そしてコミュニケーションをとろうとしたお子さんの気持ちを尊重することをお子さんに伝えることができるのです。

1～2歳

この時期には、びっくりするような変化が起きます。

お子さんはこの段階で歩けるようになったり、「言葉の爆発」を見せたりするのです。

歩けるようになると、何もかもが変わります。お子さんは、行きたいところはどこにでも行けるようになります。以前は手が届かなかったものにも触れることができるようになります。

自分でいろいろできるようになって、お子さんはわくわくします。あらゆる場所を探検したがりますし、どんなものでも触れたり味を確かめたりしたがります。

この探検は、お子さんにとって、いわば発見の旅です。お子さんはこうすることで、自分のまわりの魅惑的な世界について学んでいくのです。

探検し、手で触れ、口で味わうことは、すべての子どもに必要です。これは脳の発達に絶対必要なことなのです。

探検するとき、お子さんは科学者になります。どの物体が音を発するか、どれが落下するか、どれが浮くかを確かめるために、さまざまな実験をするでしょう。こうした実験で、お子さんは自分の身のまわりの世界にある物体について知っていくのです。

たとえば、お子さんはおもちゃを何度も繰り返し落とすでしょう。でも、それはあなたをいらだたせるためではありません。「落下」とは何なのかを理解するためなのです。

手を食べものに突っ込んで、その手触りを知ろうともするでしょう。おもちゃを口に入れて、味を知ろうともするでしょう。口の中の食べものは吐き出して、どんな感じがするかを知ろうとするでしょう。

こういった行動はどれも、「お行儀が悪い」わけではありません。自分の世界を知ることは、この段階のお子さんの仕事です。お子さんは探検家なのです。

親の仕事は、子どもの世界を、安全に探検できる場所にすることです。安全に探検できれば、お子さんは見る見るうちにたくさんのことを学ぶでしょう。自分の世界が安心できる場所だということも学ぶはずです。

たくさんの探検をすることで、お子さんは驚くほど多くの単語を瞬《またた》く間に覚えてしまうでしょう。目に入るすべてのものの名前を知りたがるはずです。

これは、お子さんの言葉のレパートリーを豊かにし、言葉好きにさせる絶好の機会です。

この機会を逃さないためには、以下のことが大切です。

お子さんと会話すること

本を読み聞かせること

お子さんの言うことに耳を傾けること

質問に答えること

この段階でのあなたの仕事は、「自分でやりたい」と思うお子さんの**自立**の気持ちを後押しすることです。

お子さんは自分の自立の欲求をあなたが尊重し、強い知識欲もサポートしてくれるということを知る必要があるのです。

お子さんの自立したいという気持ちが原因で、お子さんとあなたの間にはちょっとした衝突が起きるかもしれません。

この段階の子どもは「やだ！」と言いはじめます。この年頃の子どもが「やだ！」と言うのは、あなたに反抗しているわけでも、楯ついているわけでもありません。ただ一生懸命に自分の気持ちをあなたに伝えようとしているだけなのです。

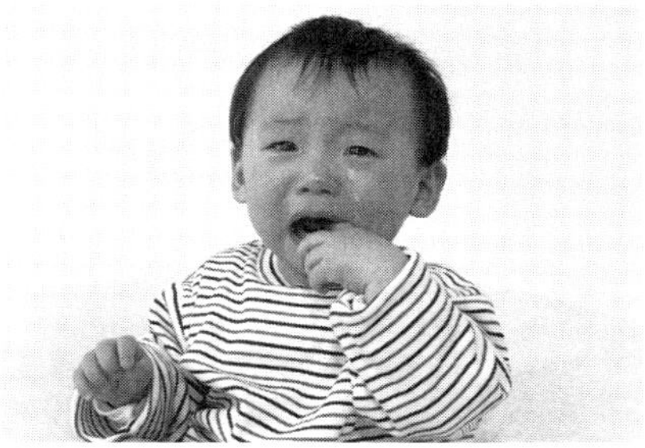

この年頃の子どもは、ものの名前はたくさん知っていますが、気持ちに名前をつける方法を知りません。自分の気持ちを言葉で言い表わすことはとても難しいのです。

「やだ！」という言葉で伝えようとしているとき、本当は次のような気持ちが隠れているかもしれません。

「それは好きじゃないもん」
「お出かけしたくない」
「あっちがいいの」
「自分の着る服は自分で決める」
「いらいらしてるんだよ」

そして、この頃の子どもは、ほかの人の気持ちが理解できません。自分の気持ちを名付けられないのなら、当然、ほかの人の気持ちも言葉にすることができません。

あなたが疲れていて、少し静かにしていてもらいたくても、お子さんはあなたの気持ちがわかりませんし、何を必要としているのか理解できません。もしお子さんがうるさくしても、それは「お行儀悪く」しているのとは違います。あなたの気持ちがわからないのです。

あなたが急いで出かけたいのに、お子さんが着替えようとしないのも、あなたを遅刻させたいからではありません。なぜあなたがいまこの瞬間に――自分が名画を描き上げようとしている最中に――出かけなければならないのか、理由がわからないのです。

雨の日にお子さんにコートを着せようとしたとき「やだ！」と言うのも、あなたに対する反抗ではありません。雨に濡れるのがどんな感じなのかわかっていないからです。あるいは、着るものを自分で選びたいと思っているのかもしれません。

この年頃の子どもは、日々たくさんの不満を感じながら暮らしています。よちよち歩きさんたちは自分でいろいろなことをしたがりますが、親は親として、いつでも子どものしたいことを認められるわけではありません。

子どもは「やだ！」とよく言いますが、それだけでなく「だめ！」という言葉もよく耳にするのです。

よちよち歩きさんたちは１日のうちに何度も何度も不満を感じます。それは、大人がしょっちゅう「だめ！」と言うからです。ただ私たちがそんなふうに言うのは、子どもの安全を守り、大切なルールを教えたいからです。

でも、子どもにはこちらの意図などわかりません。ただ「だめ！」と言われたときの不満しか感じられません。

そのため、この年頃の子どもはかんしゃくを起こすことがあります。心の中に不満がつのっても、それをどう発散すればいいのか、わかりません。自分の気持ちを表現できるほど言葉が発達していないのです。

それでときどき、悲しみや落胆や不満のあまり、しゃがみ込んでしまいます。泣いたり、わめいたり、床に身を投げ出したりして、自分の気持ちを表現するのです。

この気持ちがわかる親はたくさんいるでしょう。なぜなら、子どもが「やだ！」と言う理由がわからないとき、私たちも不満を感じて怒り出したくなることがあるからです。

こういった場面でこそ私たちは、子どもに大切なことを教えることができます。たとえば、不満にどう対処したらいいか、そしてどうすれば建設的に自分の気持ちを表現できるかといったことです。

こんなふうに**人との衝突の解決法**を早めに教わるのも、お子さんの発達に欠かせないことです。こうすることで親子関係が強まりますし、生きていくのに役立つ術《すべ》を教えることにもなります。

2～3歳

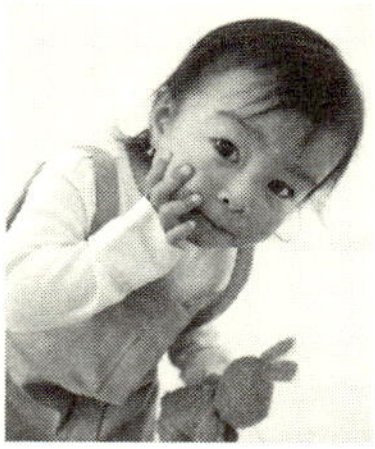

この段階では、お子さんの行動に気がかりな変化が現れるでしょう。でも実はそれは、お子さんが自分を取り巻く世界をだんだん理解しつつある証拠です。一般的には、この変化は**おびえ**という形で現れます。

お子さんは急に暗闇を怖がるようになるかもしれません。あるいは、動物、聞き慣れない音や影といったものを怖がるかもしれません。あるいは、あなたがそばを離れると大泣きするかもしれません。

親はよく、こういった変化を心配します。子どもの振る舞いが、成長したというより、子どもっぽくなったように見えるからです。でも実は、こういった変化はお子さんが**成長している**証拠なのです。

危険についてわかってくると、お子さんはけがをするのを恐れるようになります。また、想像力が発達して、目に見えないものについて考えられるようになると、怪獣やお化けなどを怖がるようにもなります。

これはお子さんにとって、とても恐ろしい時期かもしれません。まだ経験不足なので、作りごとと現実を区別できないのです。お子さんは、目にしたものすべてが実在すると信じてしまいます。

お面や、本の挿絵、アニメのキャラクター、恐ろしい姿をしたおもちゃなどに、お子さんは急におびえるようになるかもしれません。なぜそうなるかというと、危ないものは少しわかるようになったけれど、なかには作りものもあるということをまだ知らないからです。

お子さんの頭の中では、すべてが生きています。あなたが怖いお面をつけたら、お子さんはあなたがその生きものになってしまったと考えます。自分のベッドの下にお化けがいると想像したら、本当にいるのだと信じてしまいます。また、あなたがそばを離れたときも怖がるかもしれません。それは、危険についてはわかるのに、あなたが必ず戻ることをきちんと理解していないからです。ひとり取り残されたり、よく知らない人たちと一緒にいさせられたりすると、お子さんは強い不安を覚えかねません。

この段階でお子さんに必要なのは、めいっぱい**安心できること**と、**支えてもらうこと**です。あなたが自分の気持ちを理解し尊重してくれること、そして自分の安全を守ってくれることを、お子さんは知る必要があるのです。

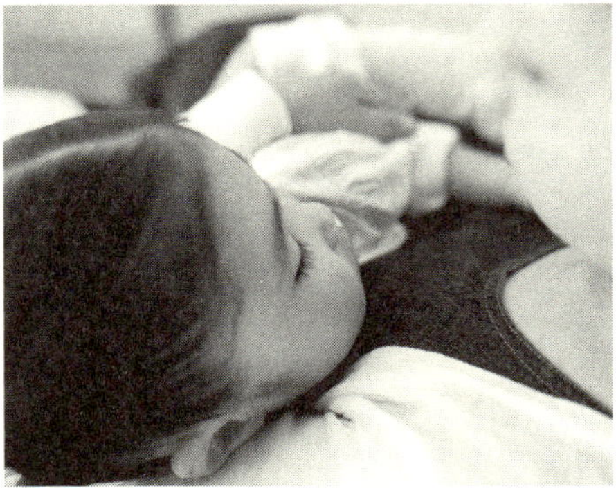

お子さんの発達が進んでいるもう１つの証拠は、突然人見知りをするようになることです。もっと小さい頃はとても人なつこかった子どもでも、この段階ではまったく違う振る舞いを見せることがあります。

お子さんは突然、知らない人の前で内気になるかもしれません。これは人間関係に対する理解が深まってきている証拠です。

お子さんは失礼な態度をとっているわけではありませんし、人を拒絶しているわけでもありません。目の前に起きている状況に対して、とても知的な反応を示しているのです。お子さんは危険を理解しているうえに、知らない人と知っている人の区別がつくようになったのです。

知らない人の前で警戒するということは、自分の生きている世界について理解がどんどん深まっている証拠です。

子どもが成長するにつれ、親にとってもう１つの心配の種になるのは、親の友だちや親戚に抱っこされるのを急に嫌がるようになることです。

そうなったからといって、お子さんは礼儀知らずなわけではありません。自分の体は自分の好きなようにしたいという気持ちが芽生えたのです。誰が自分に触れていいかを、自分で決めたいと思うようになったのです。

この発達はとても重要です。自分の身の安全と体のプライバシーを子どもに教えるためには、子どもが自分の体を自分の思いどおりにする意思を尊重しなければなりません。

ここで忘れないでほしいのは、お子さんはまだ、ほかの人がどう感じるかを理解できないということです。

あなたと離れるのを嫌がって泣くとき、お子さんはあなたに用事があることがわかっていません。知らない人と口をきこうとしないとき、相手が自分と仲良くしようとしていることをお子さんは理解できていないのです。

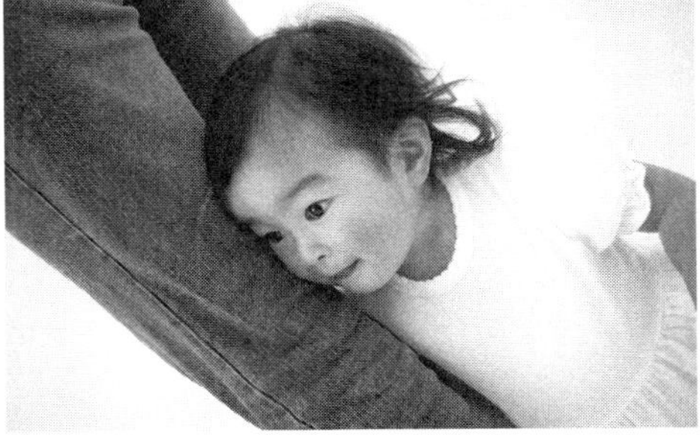

お子さんは**自分の**気持ちがわかりはじめたばかりです。ほかの人の気持ちがわかるようになるには、もう少し時間がかかるでしょう。

この段階で最も大切な親の仕事は、**子どもが感じている気持ちを尊重すること**です。

私たちは子どもの気持ちを尊重することで、ほかの人の気持ちを尊重するよう子どもに教えられるのです。親が自分の気持ちを尊重してくれるという信頼が育まれたとき、子どもは安心感を覚え、もっと自信をもつようになります。

お子さんの気持ちを尊重するというのは、以下のようなことを意味します。

お子さんが気持ちを言葉にできるように手助けをすること

自分も同じ気持ちになることがあるよと、お子さんに伝えること

お子さんを侮辱したり、恥をかかせたりしないこと

怖がったからといって、お子さんに罰を与えたりしないこと

3〜5歳

この段階には、わくわくするようなことが待ち受けています。お子さんが、ありとあらゆることを知りたがるのです。

この年齢になると、お子さんの頭脳はもう目をみはるほど発達しています。自分が何でも学べるということを、お子さんは知っているのです。

新しいものを目にすると、それが何という名前か、何のためにあるのか、どういう仕組みなのか、なぜああいうふうに動くのかといったことを知りたがります。この年頃の子どもは、親に質問を雨あられと浴びせてきます。

親は、子どもの質問にいちいち答えることを面倒に感じてしまうことがあります。それどころか、自分にも答えがわからないときもあります。

でも、子どもの質問に**丁寧に答えれば**、子どもがこれから学ぶために必要なしっかりした土台を築くことができるのです。

子どもの好奇心を大切にすることができれば、子どもは学ぶ喜びを味わうでしょう。そして、その気持ちは学校に上がるときも続いているはずです。

子どもの質問に答えようとしたり、答えを見つける手助けをしたりする親は、子どもにいろいろな事柄を教えることになります。たとえば、こんなことです。

すべてを知らなくてもいいということ

子どもの考えたことは大切だということ

答えの探し方はたくさんあるということ

答えを調べたり、問題を解決したりするのは楽しいということ

これらのことを学んだ子どもは、そうでない子どもよりも、自信をもって難題に立ち向かえるでしょう。こうした子どもは根気よく努力することを学びます。また、学びたいという意欲がいいものだということも知るはずです。

ただし、子どもは危険なことを知りたがることがあります。たとえば、どうしたらろうそくに火を点せるかとか、高い木から飛び降りたらどうなるかとか、あなたのお気に入りの皿を落としたらどうなるか、などを知りたがるかもしれません。

親は子どもの危険な行為を許すことができないので、この段階で子どもはルールについて学びはじめることになります。

決められたルールの根拠を深く理解すればするほど、お子さんがそのルールを守る可能性は高くなります。

お子さんが「なぜ？」と尋ねたがることを思い出してください。たとえば、なぜ鳥は飛ぶのか、なぜ魚は泳ぐのかといったことです。同様に、なぜ自分がろうそくに火を点してはいけないのかも知りたがるでしょう。

お子さんが「なぜ？」と尋ねても、それはあなたに逆らっているのではありません。本当に答えを知りたがっているのです。

子どもは情報を求める権利をもっています。

国連「子どもの権利条約」第13条

この段階の子どもは、ごっこ遊びをするのが大好きです。あらゆるものに――大人にも――なりきります。それが現実的に感じられるあまり、われを忘れてしまうこともあります。

遊ぶことはお子さんの「仕事」です。遊びを通じて、お子さんは人の気持ちを感じる練習をします。ほかの人の立場に身を置き、その人の目でものを見ることを経験します。遊びは子どもの共感するちからの発達にとても大切なのです。

遊びはお子さんの脳の発達にも大切です。遊びを通じて、子どもは課題を解決し、新しいものを作り出し、実験を行ない、ものごとの仕組みを理解します。

子どもは遊ぶ権利をもっています。

国連「子どもの権利条約」第 31 条

子どもには遊ぶ時間が必要です。遊びもやはり、子どもの発達に欠かせない要素なのです。

想像をめぐらせる時間があると、子どもはもっと創造力を駆使して日々の課題を解決できるようになるでしょう。

ものを分解したり、それを元どおりに組み立てたりできれば、自分には理解力があるのだと実感することができるでしょう。

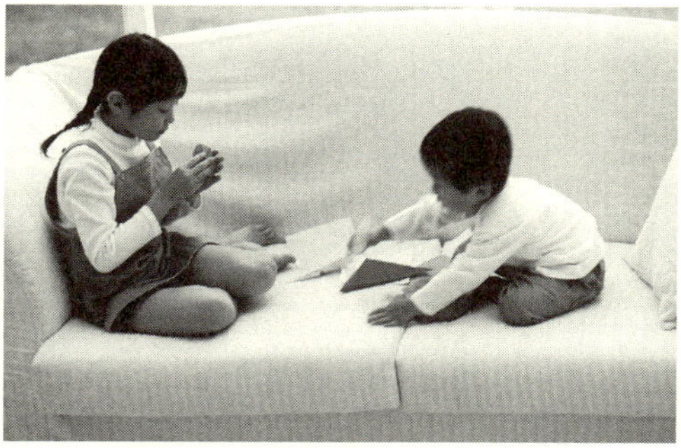

絵を描いたり歌を歌ったりできれば、芸術を通じて自己表現することへの自信が高まるでしょう。

口げんかをうまく乗り越えた経験をすると、人との衝突をもっと上手に解決できるようになるでしょう。

この段階のもう１つの特徴は、お手伝いをしたがることです。子どもは床を掃いたり、ごちそうを作ったり、洗濯をしたり、家の壁にペンキを塗ったり、大工仕事に精を出したりしたがるものです。

子どもは手伝うことで、「見習い」をしています。観察して手伝ってみることで、生活をしていくうえで必要な技術を覚えたり練習したりするのです。

子どもはお手伝いをするとき、たくさん失敗をします。子どもがすることは完璧ではありません。そういった作業の経験がほとんどないのですから、私たちの望むようにはできないかもしれません。

でも、子どもはこうして学んでいくのです。私たちだって、初めて挑戦するときはいつもうまくできるとは限りません。それと同じように、子どももやはり失敗をし、学ぶチャンスが必要なのです。

子どもがお手伝いするのを後押しすれば、学ぶチャンスを作り出すことになります。そして繰り返し練習できるようにすれば、私たちが子どもの技術や能力を高く評価していることを伝えられます。

このように伝えることは子どもに大きな影響を与えます。「自分はできるんだ」と思えれば、新しいものごとの習得に、もっと自信をもてるようになります。

この段階での親の大切な仕事は、**子どもが自分の能力に自信をもてるようにすること**です。それには、以下のような方法があります。

子どもの質問に答える、または答えを見つける手助けをする

子どもが遊ぶ時間をもてるようにする

子どもがお手伝いするのを後押しする

幼い頃に自分の学ぶちからへの自信がつくと、それはその後のあらゆる学びの土台となります。

この先、子どもは数々の難問に出会うでしょう。でも、「自分はできる」という自信をもって第一歩を踏み出すことができれば、そういった難問を乗り越えられる確率がぐんと高まります。

5～9歳

この段階は、子どもの――そして親の――人生の大きな転機となります。ほとんどの子どもはこの段階で学校に上がるからです。

学校に上がると、子どもの世界は変わります。子どもは、次のような事柄をすみやかに学ばなければならなくなります。

親がいなくても、ひとりで何とかやっていく方法

大勢の初対面の子どもたちと仲良くする方法

大勢の初対面の大人たちの期待に応える方法

新しいスケジュールや日課をこなす方法

子どもが就学直後に味わう経験は、後々の学校や勉強に対する意欲にまで影響する場合があります。

子どもはみな同じ年齢で学校に上がりますが、学校生活を送る準備がみな同時に整っているわけではありません。子どもの**気質**は、一人ひとりまったく違うものです。その気質が、学校生活における適応を大きく左右しかねないのです。

子どもの気質は生まれつきのものです。変えることはできません。気質は、お子さんの人格を形作っている大きな要素なのです。

気質には「良い」も「悪い」もありません。ただ、違うというだけです。気質こそが、私たちをほかの誰とも違う唯一無二の存在にしているのです。どの気質にも社会的に価値のある長所があります。では、気質の重要な側面をいくつか見ていきましょう。

1 活動性（活動的な子・活動的ではない子）

子どもの中には、とても**活動的**な子がいます。こういう子どもは、ほとんどいつも走りたいとか、飛び跳ねたいとか、高いところによじ登りたいなどと感じながら過ごしています。食事どきも含めて、じっと座っていることはめったにありません。いつも動いているように見えます。

一方、**活動的ではない**子もいます。こういう子どもは静かな遊びを好み、長時間、本を眺めていたりパズルをしていたりするのが好きです。

そのほか、その両者の中ほどに位置する子どももいます。

2 規則性（リズムが規則的な子・リズムに変動のある子）

子どもの中には、**予測しやすい**リズムをもっている子がいます。こういう子どもは空腹になる時間の間隔が一定で、目覚めるのも寝付くのもトイレに行くのも、毎日だいたい同じ時間です。

一方、リズムが**変動する**子もいます。こういう子どもは、ある日の正午にはとてもお腹をすかせても、翌日の正午にはまったく空腹ではなかったりします。また、月曜日はとても早く起きても、火曜日には寝坊したりします。

そのほか、その両者の中ほどに位置する子どももいます。

3 適応性（人なつこい子・しり込みする子）

子どもの中には、新しい環境に**近づいていく**子がいます。こういう子どもは、知らない人に微笑みかけ、初対面の子どもたちのところへ行って遊びに入れてもらい、すぐに新しい友だちを作り、初めての食べものを試したがり、初めての場所に行くのを楽しいと感じます。

一方、新しい環境に**しり込みする**子もいます。こういう子どもは、知らない人からは遠ざかり、初対面の子どもたちの輪に入るのに時間がかかり、初めての食べものは吐き出し、初めての場所に行くことは嫌がったり避けたりします。

そのほか、その両者の中ほどに位置する子どももいます。

4 順応性（すぐ慣れる子・じっくり慣れていく子）

子どもの中には、新しい日課や、初めての場所、初対面の人、初めての食べものに**すぐ順応する**子がいます。こういう子どもはほんの１日か２日で、新しいスケジュールや、新しい家、新しい学校に順応するかもしれません。

一方、**時間をかけて順応していく**子もいます。こういう子どもは、転居先で友だちを作ったり、新しい学校になじんだり、新しいスケジュールについていったりするのに数ヵ月かかるかもしれません。

そのほか、その両者の中ほどに位置する子どももいます。

5 転導性（いろいろなことに気移りする子・集中型の子）

子どもの中には、**気移りしやすい**子がいます。そのとき何が見えたか、あるいは聞こえたかによって、次から次へと気が移ります。注意が違う方向にそれるので、課題を終えるのに長い時間がかかります。でも悲しんでいるときや、がっかりしているとき、注意をほかのことに向けて気分転換を助けるのは簡単です。

一方、**気移りしにくい**子もいます。こういう子どもは長い時間、じっと座って本を読みつづけるでしょう。ただ、空腹のときや悲しんでいるとき、注意をほかの方向へそらすのは容易ではありません。

そのほか、その両者の中ほどに位置する子どももいます。

6 持続性（こつこつタイプの子・切り替え型の子）

子どもの中には、**とても根気のある**子がいます。難しい課題にも、終わるまで取り組みつづけます。こういう子どもは目標を胸に抱いているのです。それを達成できるまで、努力を続けるでしょう。失敗しても、あきらめません。ただし、こういう子どもの場合、やりたいことをやめるように説得するのは簡単ではありません。

一方、**すぐに切り替える**子もいます。こういう子どもは、たとえば木から落ちたら、もう登るのをやめるでしょう。また、パズルがすぐに解けなければ興味を失います。こういう子どもの場合、してほしくないことをやめるように説得するのは簡単です。

そのほか、その両者の中ほどに位置する子どももいます。

7 感情の強さ（感情的な子・感情を表にあまり出さない子）

子どもの中には、身のまわりに起きる出来事や状況の変化にとても激しい反応を示す子がいます。ジグソーパズルがなかなかできないと、叫んでピースを放り投げます。強烈な怒りや悲しみも示しますが、強い喜びも示します。悲しいときは大声で泣き、うれしいときは楽しそうに笑います。こういう子どもの気持ちは、いつでもわかるものです。

一方、おとなしい反応を示す子もいます。悲しみを感じているとき、こういう子どもは静かに泣きます。うれしいときは、黙って微笑みます。こういう子どもの気持ちは、外からはなかなかわかりにくいものです。

そのほか、その両者の中ほどに位置する子どももいます。

演習 お子さんの気質 1

７つの気質の側面についてそれぞれ、あなたのお子さんの様子がどのあたりに当てはまると思うか、１～４までの数字に○をつけてみてください。

1 活動性

低　　　　　　　　　　　　　　　　　　　　　　　　高

1	2	3	4
長時間、じっと座っている			いつも動き回っている

2 規則性

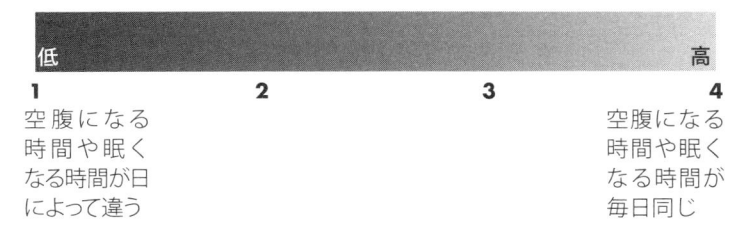

低　　　　　　　　　　　　　　　　　　　　　　　　高

1	2	3	4
空腹になる時間や眠くなる時間が日によって違う			空腹になる時間や眠くなる時間が毎日同じ

3 適応性

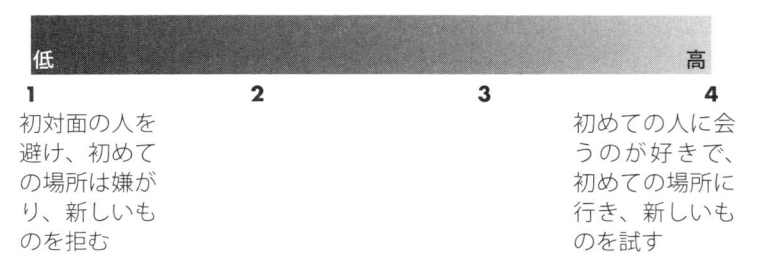

低　　　　　　　　　　　　　　　　　　　　　　　　高

1	2	3	4
初対面の人を避け、初めての場所は嫌がり、新しいものを拒む			初めての人に会うのが好きで、初めての場所に行き、新しいものを試す

4　順応性

1　2　3　4

1：日課や環境の変化への順応に長い時間がかかる

4：日課や環境の変化にすぐ順応する

5　転導性

1　2　3　4

1：長時間、同じことに集中する

4：何にでも目が行き、よく気移りする

6　持続性

1　2　3　4

1：やっていることにすぐ興味を失う

4：終わるまで同じことをやりつづける

7　感情の強さ

1　2　3　4

1：感情の変化をあまり示さない

4：強い悲しみや怒りや喜びを示す

演習　お子さんの気質 2

お子さんの気質がどんな場面でプラスに働くか、考えてみましょう。

私の子どもの気質がプラスに働く場面は、こんなとき……

今度は、お子さんの気質がプラスに働かない場面を考えてみましょう。

私の子どもの気質がプラスに働かない場面は、こんなとき……

お子さんの気質は、学校生活への適応に大きく影響します。

新しい環境に興味や刺激を感じ、新たな日課にすぐ慣れ、楽しみながら新しい友だちを作る子どももいるでしょう。

その一方で、新しい環境にストレスを感じ、新たな日課になかなか慣れず、友だち作りに苦労する子どももいるでしょう。

親が子どもの気質を把握しておき、子どもの個性を尊重することが大切です。

活発な子をもの静かな子にさせたり、根気があまりない子を粘り強い子にさせたりすることは、できないのです。

でも、それぞれの子どもの良いところを見つけて、それをのばすことは**可能**です。また、一人ひとりが抱える特有の努力目標を見定め、その子がのびのびと育つための環境を作ることも可能です。

お子さんの行動に影響するのは、お子さんの気質だけではありません。あなたの気質も影響します。そして、あなたの気質はあなた自身の行動にも影響しています。

親子関係には、子どもの気質と親の気質の**相性**《あいしょう》が強い影響を与えます。

たとえば、あまり活動的ではない親を思い浮かべてみてください。この親は室内にいて、静かに本を読み、穏やかな音楽を聴くのが好きです。

では、この親にとても活発な気質をもつ子どもがいたらどうなるか、想像してみてください。この子が室内にいさせられ、静かに座っているように言われたら、どうなるでしょう？

もしこの親が、わが子は自分より活動性が高いと認めたなら、自分の子どもに対する期待を修正し、体を動かしたがっている子どもの欲求を満たす方法を見いだせるはずです。でも、わが子の行動が気質によるものと気づかなければ、この子が「お行儀悪く」振る舞っていると思ってしまうかもしれません。

親が自らの気質について考え、子どもの気質とどれだけ一致するかを吟味することは、とても大切です。そうすれば、家庭内で起きる多くの衝突の原因がわかってくるかもしれません。

演習　あなたの気質 1

7 つの気質の側面についてそれぞれ、あなたはどのあたりに当てはまると思うか、 1～4までの数字に○をつけてみてください。

1　**活動性**

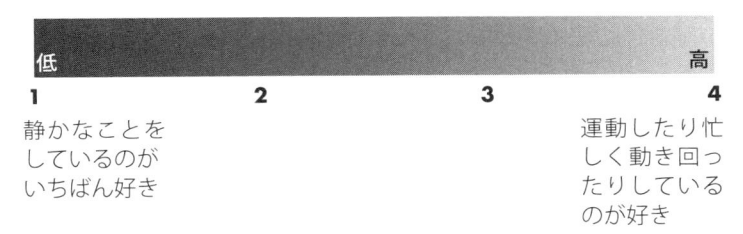

低　　　　　　　　　　　　　　　　　　　　高

1	2	3	4
静かなことをしているのがいちばん好き			運動したり忙しく動き回ったりしているのが好き

2　**規則性**

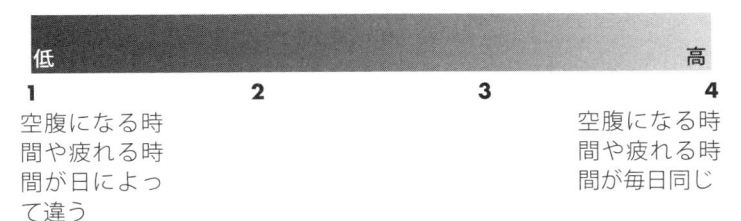

低　　　　　　　　　　　　　　　　　　　　高

1	2	3	4
空腹になる時間や疲れる時間が日によって違う			空腹になる時間や疲れる時間が毎日同じ

3　**適応性**

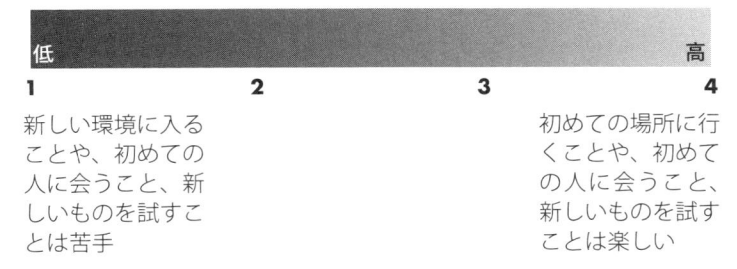

低　　　　　　　　　　　　　　　　　　　　高

1	2	3	4
新しい環境に入ることや、初めての人に会うこと、新しいものを試すことは苦手			初めての場所に行くことや、初めての人に会うこと、新しいものを試すことは楽しい

4 順応性

低 ―――――――――――――――――――――――― 高

1	2	3	4
新しい日課や新しい環境への順応に長い時間がかかる			日課や環境の変化にすぐ順応する

5 転導性

低 ―――――――――――――――――――――――― 高

1	2	3	4
長時間、1つのことに集中できる			考えがそれやすい。よく気移りする

6 持続性

低 ―――――――――――――――――――――――― 高

1	2	3	4
やっていることにすぐ興味を失い、別のことに取りかかる			終わるまで1つのことをやりつづける

7 感情の強さ

低 ―――――――――――――――――――――――― 高

1	2	3	4
感情をあまり表さない。私の感情がほかの人にはわからないことが多い			私の喜びや悲しみや怒りはほかの人にもわかることが多い

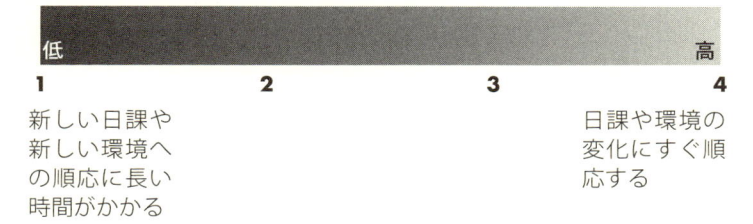

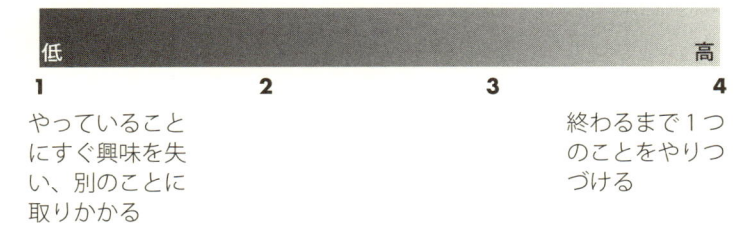

演習 あなたの気質 2

あなたの気質がどんな場面でプラスに働くか、考えてみましょう。

私の気質がプラスに働く場面は、こんなとき……

今度は、あなたの気質がプラスに働かない場面を考えてみましょう。

私の気質がプラスに働かない場面は、こんなとき……

演習 相性［子どもの気質］

お子さんの気質に関してあなたが○をつけた数字を、青いペンで塗りつぶしてみましょう。その後、塗りつぶした数字をそれぞれ線で結んでみてください。

活動性

① ② ③ ④

規則性

① ② ③ ④

適応性

① ② ③ ④

順応性

① ② ③ ④

転導性

① ② ③ ④

持続性

① ② ③ ④

感情の強さ

① ② ③ ④

演習　相性［あなたの気質］

あなた自身の気質に関してあなたが○をつけた数字を、赤いペンで塗りつぶしてみましょう。その後、塗りつぶした数字をそれぞれ線で結んでみてください。

活動性

①　②　③　④

規則性

①　②　③　④

適応性

①　②　③　④

順応性

①　②　③　④

転導性

①　②　③　④

持続性

①　②　③　④

感情の強さ

①　②　③　④

私たちの気質の違い

子どもと私が違う点

この違いが、衝突に発展しかねない場面

子どもと私が違う点

この違いが、衝突に発展しかねない場面

子どもと私が違う点

この違いが、衝突に発展しかねない場面

子どもと私が違う点

この違いが、衝突に発展しかねない場面

子どもと私が違う点

この違いが、衝突に発展しかねない場面

私たちの気質の共通点

子どもと私に共通している点

この共通点をいい親子関係に役立てる方法

子どもと私に共通している点

この共通点をいい親子関係に役立てる方法

子どもと私に共通している点

この共通点をいい親子関係に役立てる方法

子どもと私に共通している点

この共通点をいい親子関係に役立てる方法

子どもと私に共通している点

この共通点をいい親子関係に役立てる方法

お子さんとあなたの気質の相性は、親子関係に大きな影響を及ぼすことがあります。気質がお子さんとあなたの行動にどんな役割を果たすものかを知っておくと、両者の間に起きる多くの衝突の原因がわかってきます。

また、叩いたり怒鳴ったりしてもしかたがないという理由もわかるはずです。

お子さんは、あなたと同様、ひとりの人間です。お子さんの気質は変えられませんし、あなたの気質も変えられません。

2人の気質が一致しない場合でも、けんかや言い合いをせずに解決する方法は見つけられるものです。お互いの違いを尊重し、それを争いにしない手段を見つけることは可能なのです。

学校に上がってから数年の間に、子どもの交友関係はどんどん重要なものになっていきます。友だち付き合いへの興味が強まるのは、子どもが自立しつつある証拠です。

お子さんの世界は広がってきます。ほかの人がどう思い、何を考え、どんなふうに振る舞うかについて、お子さんはさらに多くのことを学んでいくのです。

この段階になると親は、お子さんがだんだん自分の思いどおりにならなくなってきたことを不安に思います。子どもが家庭の外で受けてくる、新たな影響をいちいち心配します。

でも、これはお子さんの発達にとって必要で、大切なことなのです。この段階で、お子さんは自分以外の人たちについて多くのことを学ぶでしょう。そしてそれ以上に、自分自身について多くを学んでいるはずです。

この段階にきて、子どもは生まれて初めて、とても複雑な問題を解決しなければならなくなります。以下のような事柄を学ばなければならないのです。

友だちとの衝突に対処する方法

友だちと意見が合わなくても、コミュニケーションをとる方法

自分を守る方法

友だちを守る方法

いじめが起きたときの対応法

友だちを裏切らないようにする方法

意地悪をされても、自分は優しい子でいる方法

これまでの発達の中でお子さん自身が身につけてきた技術や自信が、こうした新たな難問に立ち向かうためのしっかりした足場になることでしょう。

「私（ぼく）はいい子で、優しく、賢い」という自己像をもっている子どもは、そうでない子どもよりも、上手にものごとを判断できるようになります。

親に支えられ、受け入れられていると感じている子どもは、そうでない子どもよりも、アドバイスや手助けを親に求めることが多くなります。

また、攻撃したり暴力に頼ったりすることなく、対立や怒り、ストレスに対処する親の姿を見ている子どもは、そうでない子どもよりも、自分の身に起きた衝突の場面をうまく乗り越える可能性が高くなります。

相手を尊重しながら話を聴き、コミュニケーションをとり、人と接する方法を親から学んでいる子どもは、そうでない子どもよりも、仲間や教師に対してもそれと同じような態度をとれるようになります。

お子さんと強い信頼関係を築くためにあなたがしてきたすべてのことが、この段階にきて、難しい場面に直面したお子さんに強さを与えるはずです。

子どもにとって、人間関係の機微《きび》をすべて理解するのは至難の業です。この分野では子どもはまだまだ初心者なのです。私たちにわかることが子どもに全部わかるわけではないので、失敗もすることでしょう。

でも、子どもは試したり失敗したり成功したりするうちに、ほかの人や自分自身についていろいろなことを学ぶはずです。人への共感も学ぶでしょう。それに、自分が何を信じ、何を大切と感じているのかなど、自分についてどんどん理解が深まるのです。

この段階での親の大きな仕事は、**子どもを支え、導く**ことです。子どもは、私たちが手本であり、また人生の案内役だと思っているのです。

将来わが子になってもらいたいと思うような人間に、
私たち自身がならなければなりません。

私たちは子どもが初めて出会う最も重要な教師として、自らの行動を通じ、以下のような事柄を子どもに教えることができます。

ほかの人の人権を尊重する方法

思いやりを示す方法

人を手助けする方法

人を傷つけてしまったとき、それに気づく方法

自分の犯した間違いを償う方法

心から謝罪する方法

誠実さを保つ方法

正直に行動する方法

この段階は、子ども期から青年期へ向かう過渡期で、とても大切な時期です。

親にできることは、子どもが小さかった頃から築いてきた土台を強化することです。そして、子どもがティーンエイジャーになったとき、自分の意思でものごとを決められるよう、その準備を整えることです。

10～13歳

お子さんは思春期を迎えようとしています。これから、うれしい変化がたくさん起きてきます。

お子さんの体つきは変わるでしょう。もう、おちびさんではありません。お子さんは大人になる準備をしています。でも、まだ子どもであることに変わりはありません。

この状況が、家庭の中で衝突を招く場合があります。

この時期、家庭内に衝突が起きがちなのは、一体なぜなのでしょうか？

理由 *1*

この段階では、子どもは親からもっと**自立**したがります。でも親の方は、子どもが自分で意思決定をするのに必要な知識や技術を、まだ十分には身につけていないのではないかと気がかりです。

理由 *2*

体に大きな変化が起きているせいで、お子さんは**心が不安定**になることがあります。以前は快活だった子どもでも、突然、無愛想になったり怒りっぽくなったりするかもしれません。

理由 *3*

子どもは**仲間**と過ごす時間が増え、親と過ごす時間が減ります。たとえ親が反対しても、仲間と同じことをやりたがる場合があります。

理由 *4*

この段階に入って、子どもは自分と親は考え方が違うかもしれないと悟ります。子どもはいま、自分自身の**信じること**を見定め、自分がどういう人間なのかを考えているところなのです。

理由 *5*

親はこの段階の子どもを心配する傾向があります。たとえば、**身の安全**や健康を案じるかもしれません。あるいは、子どもが問題を起こしたり、悪い成績をとったりするのではないかと気をもむかもしれません。そうしたことにより、親は自分の無力さを感じることがあります。

以上のような理由が相まって、家庭内に対立が頻発しかねないのです。

この段階では、子どもにとって、友だち付き合いがますます大事なものになります。

友だちの存在は、子どもの心の健康にとってとても大切です。友だちは支えになったり、慰めや喜びを与えてくれたりする、頼もしい存在です。いろいろな技術をお子さんに教えてくれたり、新しいものへの興味を引き出してくれたりします。大人と同様、子どもにも、家族のほかに社会的なサポートが必要なのです。

ただ、友だちを作りたいとか、友だちを失いたくないなどという子どもの気持ちが強まることで、親の心に不安が生まれる場合もあります。この段階では「仲間からの圧力《ピア・プレッシャー》」は親の心配の種になりがちなのです。子どもは仲間から受け入れられていると感じたいばかりに、親に反対されるようなことに手を出す場合があります。

この段階での子育てでの大きな難題は、**お子さんの自立心の高まりを尊重しつつ、お子さんの身の安全を守る**ことです。

お子さんの安全を守る方法

■ 一緒に時間を過ごしましょう

- 家族で一緒にいろいろなことをしましょう
- お子さんの友だちについて、一緒に話をしましょう
- お子さんの心配ごとや悩みごとに耳を傾けましょう
- お子さんが成し遂げたことをほめましょう
- 今後、お子さんが直面するかもしれない試練について話し、そのときは自分が手助けすると伝えましょう
- お子さんには本当のことを正直に話しましょう
- お子さんに愛情を込めて接しましょう
- お子さんの行動の背後にある気持ちの理解に努めましょう

■ お子さんの自己肯定感を育みましょう

- お子さんが自分という人間を知る——そして好きになる——手助けをしましょう
- 自分の能力を信じられるように働きかけましょう
- 自分の長所や個性を理解する手助けをしましょう

■ お子さんの学校と関わりましょう

- 学校の行事には出席しましょう
- お子さんを教えている教師たちと知り合いになりましょう
- 宿題についてお子さんと話をし、協力しましょう
- お子さんが読んでいる本に関心をもち、その本について語り合いましょう

■ お子さんの友だちを知りましょう

- あなたの家で遊ばせましょう
- 友だちの家族に会いましょう
- お子さんと友だちが参加する行事に出席しましょう

■ お子さんに寄り添い、そばにいましょう——ただし、距離は取ること

- お子さんがどこで誰と一緒にいるかを把握しましょう。ただし、お子さんはますます自立とプライバシーを強く求めるようになっているので、それを尊重しましょう
- お子さんへの信頼感を示しましょう

お子さんの自立を応援する方法

■ お子さん自身が善悪の判断ができるよう、手助けをしましょう

- 危険なこと――喫煙や、薬物の摂取、身を危険にさらすような向こう見ずな行為など――についてお子さんと話をし、そういったことをなぜ避けるべきなのか、理由を説明しましょう
- あなたの価値観について語り合い、お子さんの価値観を聴きましょう
- 思春期に経験するはずの心身の変化について、お子さんと話をしましょう
- お子さんがこれから出会うかもしれない圧力――悪いこと、あるいは危険なことだと思う行為をさせられるような圧力――について、お子さんと話をしましょう
- 仲間からの圧力にさらされても大丈夫だと思えるよう、前もって対処法を考える手助けをしましょう
- 仲間からの圧力に備え、お子さん自身が実際にできる抵抗の方法を見つける手助けをしましょう

■ 責任感を育み、自分には能力があると思えるような手助けをしましょう

- お子さんが家事の手伝いを続けるように気を配りましょう
- お金のことや、その賢い使い方について話しておきましょう
- 家族のルールを作ったり、家族に期待することを決めたりするとき、お子さんの参加を促しましょう

■ ほかの人への共感や尊重の精神を育みましょう

- 困っている人の手助けをするよう促しましょう
- ほかの人に意地悪をされたときどうすべきかについて、話し合いましょう

■ 将来について考える手助けをしましょう

- 自分自身の目標を設定する手助けをしましょう
- 大きくなったら身につけたい技術や知識について話し合いましょう
- 夢、つまりどんな人生にしたいかというビジョンをもつよう働きかけましょう
- 目標を達成する方法を探す手伝いをしましょう

子どもが小さい頃、親が努力をして積み上げたすべてが、この時期とても重要な役割を果たします。

後の家族関係を強める、初期段階からの積み上げ

小さい頃に「親は信頼できる存在だ」と学んだ子どもは、この段階で親のアドバイスに耳を傾ける可能性が高くなります。

小さい頃に親から自立を後押ししてもらった子どもは、この段階で友だちから悪い影響を受けにくくなります。

小さい頃に自分の気持ちを尊重してもらった子どもは、この段階で不安や心配ごとを親に打ち明ける可能性が高くなります。

小さい頃に親から自信を育んでもらった子どもは、この段階で自分を信じることができるようになります。

親から支えられ導かれてきた子どもは、この段階で問題が**発生する前に**親に相談する可能性が高くなります。

あなたがお子さんと築いた関係は、お子さんが思春期を歩むとき、大切な拠りどころとなることでしょう。

14～18歳

この段階は、とても充実した時期です。お子さんはついに大人の一歩手前まで来たのです。

子ども時代を通じて、お子さんはこの段階へたどり着くために、ずっと練習を繰り返してきました。これまでにお子さんが学んできた事柄には、以下のようなものが含まれるでしょう。

人を尊重する方法

暴力を使わず、人との衝突を解決する方法

自分の気持ちを建設的に伝える方法

自分やほかの人を守る方法

この段階になると、お子さんはこれらの大切な技術を毎日、実際の生活で使うようになります。

この時期には、親は子どもとそれほど顔を合わせなくなります。お子さんはもう、こういった技術をひとりで使わなければならないのです。

思春期の子育ては、楽しい経験にもなりえます。

お子さんはもう大人も同然で、あなたとたいがいの話題を語り合えます。新しいアイディアを考えたり、自分なりの理想を作り上げたり、自分の進路を定めたりもできます。

このような親子関係の変化を乗り越えるときは、数々の困難に出会うでしょう。でも、例によってそういった困難は、上手に自分の意思を決定する方法や、人との衝突を解決する方法、そして失敗に対処する方法をお子さんに教えるチャンスにつながるものです。

この段階を通じて、お子さんは本当の自分を見つけるために、あらゆる可能性を試します。お子さんの最大の課題は、自分**独自のアイデンティティ**を見つけることなのです。

お子さんには、ほかの人から期待されている人物像ではなく、**自分**の本当の姿を表現したいという強い衝動があります。自分を表現する手段として、次のようなものについて急に好みを変えてみたりするかもしれません。

音楽
服装
髪型
友だち
自分の信じること
食べものの好み
学校外での活動
興味のある学問分野
将来の計画

子どもは、表現の自由、そして思想と良心の自由（権利）をもっています。
国連「子どもの権利条約」第 13 条、第 14 条

この時期、親はときどき不安に襲われます。わが子に教えてきたことがみな、水の泡になったと感じられるからです。

子どもは新しい宗教的信念や政治的信念をもつようになるかもしれません。礼拝に行かなくなったり、特定の食べものを口にしなくなったりすることもあるでしょう。髪を染めたり、黒い服しか着なくなったりすることもあるかもしれません。

幼い頃いろいろなもので実験をしたのと同じように、お子さんはいま自分のアイデンティティの実験をしています。さまざまなアイデンティティを試し、どれがいちばんしっくりくるのか、答えを探しているのです。

そのためには、まず、いままでのやり方の一部を捨て去らなければなりません。イモムシが繭を脱ぎ捨てるようなものです。この世に２人といない唯一の人間として現れ出るために、この過程が必要なのです。

思春期の子どもは、親とまったく違うアイデンティティを試す傾向があります。親の好みでない音楽を聴いたり、親の好みでない服を着たり、親が賛同しない意見をもったりします。親の歩んだ道とは違う方向を一度は訪ねてみた方が、子どもは**自分**という人間がよりよくわかるものなのです。

でも、思春期の子どもの親は多くの場合、わが子がこうした実験のために何をしでかすか心配でなりません。若者は薬物やアルコールを試してみようと考えることもあります。あるいは、セックスや恋愛を試してみようと考えるかもしれません。

思春期の子どもは、自分の身に災難が降りかかる可能性をなかなか考えません。けがをする可能性、妊娠をする可能性、死んでしまう可能性も、まだ十分には理解しきれていません。自分に困った事態が起きるはずがないと信じていたりするため、とても危険なことに手を伸ばす場合もあります。

子どもは大人のふりをして、禁じられた行為を試してみたくなるのです。自分の親を含め、大人たちがいつも自分の前でしていたことを自ら経験してみたいのです。

親はよく、「わが子を危険行為へ走らせるような仲間に子どもが感化されてしまう」とか、「悪い大人に感化されている」などと心配します。

こんなとき、お子さんのあなたへの信頼感がこの上なく重要になります。お子さんが、あなたになら**恐れることなく**必要な情報やアドバイスを求められると知っておく必要があるのです。

お子さんは管理されることを望んではいません。ただあなたがそこにいていつでも、明確で嘘いつわりない情報を与え、期待と枠組みをはっきり示し、安全な環境を与えてくれるとわかっている必要があるのです。

お子さんがこれまでに身につけた自信、意思決定力、コミュニケーション能力、自尊心、共感、そして衝突を解決する方法が、この時期に試されるでしょう。いまほど、これらの技術を必要とするときはないのです。

お子さんは、自分でものごとを選択しようとして失敗することもあるでしょう。小さい頃いろいろなものを知ろうとして、ときどきけがをしたのと同じように、人生を学びたいという新たな欲求は、お子さんに痛い思いをさせるかもしれません。

あなたは、お子さんが小さかった頃と同じように接すればいいのです。つまり、お子さんの周囲を安全に保ち、お子さんにとって役立つ情報を与え、その成長を支えるのです。

お子さんはいま自分の翼で試験飛行をしているところです。ときどき落ちてしまうこともあるでしょうが、あなたの手助けがあれば、飛べるようになるはずです。

この段階で親ができることのうち、特に大切なのは以下のことです。

親子の絆を**強めること**
子どもがすることを**見守ること**
子どもの自立を**後押しすること**

親子の絆を強める

親と子の絆の形成は、子どもが生まれたときから始まりました。幼いうちに信頼とアタッチメントを築き、成長とともにこの絆を確かなものにすることで、あなたは 10 代の子どもを成人期へと送り出せる親子関係を作ってきました。

親との絆が以下のようであれば、子どもは思春期をうまく乗り切る可能性が高くなります。

- 温もりと優しさ、そして愛情に満ちている
- 安定していて、揺れることがなく、子どもにとってわかりやすいものである

親との絆が強いティーンエイジャーは、そうでない子どもよりも、

- 同じ年頃の仲間や大人といい関係を築く可能性が高くなります
- 親に信頼されていると感じ、その信頼を保ちたいと思う可能性が高くなります
- ほかの人に共感をもって丁寧に接する可能性が高くなります
- 自信をもち、より高い自己肯定感を抱く可能性が高くなります
- 積極的にほかの人と協力する可能性が高くなります
- より健康的な精神状態を保つ可能性が高くなります
- 親のアドバイスに耳を貸し、それを活かして自分でものごとを決められる可能性が高くなります

ティーンエイジャーの子どもに、親が丁寧に優しく接するように心がけると、子どもも同じように親に接する可能性が高くなります。

逆に、管理や懲罰だらけの親子関係の中で暮らしているティーンエイジャーは、

・親を恐れたり避けたりする可能性が高くなります
・罰を逃れるために嘘をつく可能性が高くなります
・落ち込み、不安になる可能性が高くなります
・怒りや恨みを感じる可能性が高くなります
・怒りをほかの人たちにぶつける可能性が高くなります
・親に反抗する可能性が高くなります

親子の絆は、人とのあらゆる関わり合いの基調となります。温もりと優しさ、愛情に満ちた絆があると、思春期という時期をうまく乗り切れるよう子どもを手引きすることが、ずっと簡単になるのです。

子どもがすることを見守る

ティーンエイジャーには、もっともっと自立したいという欲求があるので、枠組みを与えることは特に難しくなります。でも、いくら自立を必要としていても、親の導きがまだ必要なことも事実です。

親の仕事は、子どもを導くための地図を手渡すことです。親は危険な道や、目的地までのいちばん安全なルートを子どもに教えます。でも、どの方向に進むかは子どもが自分で決めることです。

親が子どもに地図を示し、安全なルートへ導くのに特に効果的なのが、見守るという方法です。

見守るというのは、子どもが何をしているか把握しておくことです。ただし見守り方は、子どものプライバシーと自立に対する欲求――そしてこの２つの権利――を尊重するものでなければなりません。

親は以下のような方法で子どもを見守ることができるでしょう。

- 子どもがすることに純粋な興味をもつ
- まめに子どもと会話する
- できるだけ子どもと一緒にいるように心がける。ただし、邪魔はしない
- 子どもが参加する行事に出席する
- 子どもの友だちを知っておく
- 子どもの友だちを家に迎え入れる
- 家族で出かけるとき、子どもの友だちも誘う
- 自由時間に子どもが何をしているかを把握する
- 親子の共通の楽しみを見つけ、それを一緒にする
- 子どもが目標を達成できるように応援する

明るく楽しく、そして頻繁に子どもと関わり合う方法を見つけられれば、見守りを上手にすることができるようになるでしょう。

親との時間を楽しいと感じると、子どもには以下のような傾向が現れるはずです。

- 親の見守りを思いやりと考えるようになる
- 親と過ごす時間が増え、親の目が行き届かない時間が減るようになる
- 気楽に親と話をすることが多くなる
- 親のアドバイスに耳を傾けるようになる
- 親といい関係を保ちたいと思うようになる

一方、親の関わりがとげとげしく、怒りや懲罰を伴っている場合、子どもには以下のような傾向が現れるでしょう。

- 親の見守りを、管理であり干渉であると思うようになる
- 親と過ごす時間が減り、親の目が行き届かない時間が増えるようになる
- 悩みごとがあっても、親に話すのを恐れるようになる
- 親のアドバイスを突っぱねる可能性が高くなる
- 親に反抗する可能性が高くなる

見守りは、温もりと優しさ、そして愛情に満ちた関係の中で行なうことがとても大切です。

子どもの自立を後押しする

親の支えのある安全な環境のもとで、意思決定の技術を練習するよう子どもを応援できるチャンスは、思春期が最後です。もう間もなく、子どもは自立した大人になるのです。

親がこのチャンスを活かし、子どもの自立を後押しするには、以下の方法が挙げられます。

・親の考え方とは違っても、子どもの考え方を心から尊重する
・子ども自身に価値観をもたせる
・無条件の愛を示す
・子どもと対等の立場で議論する
・子どもは自分でものごとを決められ、その決定の結果にも自分で対処できるはずだという、親の信頼感を示す
・子どもの気持ちを尊重する
・子どもが失敗したとき、支える
・失敗した後、再び挑戦するよう励ます
・子どもが不当な扱いを受けたと感じているとき、子どもの視点からとらえなおす
・互いの意見が違うとき、その解決方法を話し合いで決める

このような後押しがあると、子どもは自分が信頼に足る人間だと感じ、将来に前向きな気持ちを抱いて、自分には能力があると思えるようになります。

親はときに、知らず知らずのうちに子どもの自立を妨げてしまうことがあります。それはたとえば、以下のような場合です。

・子どもの考え方を批判する
・親と意見が食い違ったとき、子どもに罪悪感を感じさせる
・子どもが親と話をしようとしたときに、話題を変える
・子どもの気持ちを無視する
・子どもが失敗したとき、「だから言ったでしょ！」と言う
・子どもが問題を抱えると、子どもに愛情を注がなくなったり子どもを拒絶したりする
・子どもの意見を聞かない
・意見が違った場合に頑《かたくな》な態度をとり、解決方法を話し合おうとしない

このような対応をしてしまうと、子どもは恨みや怒りを覚えたり、落ち込んだりしかねません。人として自分の価値に疑問をもちはじめ、自分などろくな考え方ができないし、何ひとつものごとをうまく決められない、と考えはじめます。お子さんの自立への足取りは急に減速し、ほかの人に意思決定をしてもらいたがる傾向が強まるのです。

親が子どもを尊重し信頼していることを示すことが、子どもの自立を後押しすることになります。

次にするべきこと

それぞれの発達段階における子どもの考え方・感じ方を理解しておくと、親は子どもとの難しい場面に遭遇したとき、子どものちからをのばすような前向きで建設的な対応がとりやすくなります。

子どもの発達に関する知識は**日々の課題解決**の土台を作るものです。あなたはお子さんの行動にただその場その場の対応をするのではなく、お子さんのその行動が何を意味し、お子さんの成長にどのような結果をもたらすかを考えられるようになります。

親はなぜ子どもがそのような行動をとっているのか、その理由を誤解しがちです。私たちに反抗しているとか、私たちを怒らせようとしているなどと考えると、私たちは怒り、罰を与えたりしてしまいます。

それよりも、子どものいずれの行動も次に待ち構えている発達段階へ進むのに必要なことだ、と理解した方が、親として子どもに必要な情報や支えを与えられるようになるのです。

第4章
課題を解決する

ポジティブ·ディシプリンの４番目の原則は、課題を解決することです。

前の章では、お子さんの発達段階にふさわしい温かさと枠組みを与えることで、長期的な目標を達成できるということを学びました。

第４章では、それぞれの年齢の子どもとの生活に起こりうる、難しい場面の数々について考えていきましょう。子どもの発達に関するあなたの知識を応用し、子どもの行動を**読み解いて**みましょう。この練習を重ねると、有効な対応方法を編み出しやすくなるはずです。

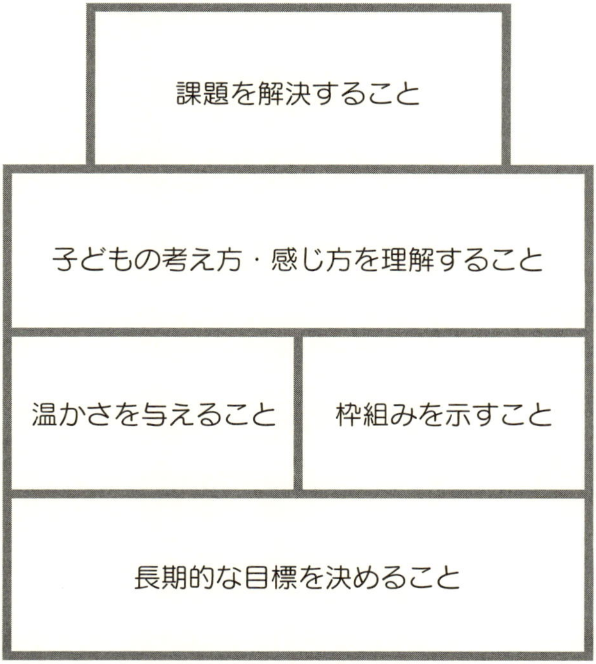

0～6カ月

小さな赤ちゃんとの生活で親が特に頭を痛めるのは、赤ちゃんが泣いたときです。

こんな場面を想像してみてください……

生後10週間のあなたの赤ちゃんが、数分前から泣いています。この発達段階について第3章でお読みになったことを頭に思い浮かべてみてください。そのうえで、赤ちゃんが泣いている理由を、できるだけたくさん書き出してみましょう。

どのような理由を思いついたでしょうか？

- お腹がすいている
- のどがかわいている
- どこかに痛みを感じている
- 暑すぎる
- 寒すぎる
- おむつが汚れている
- 体調が悪い
- 何かが怖い
- 抱っこしてほしい
- ゆっくり体を揺らしたり、抱っこして歩いたりしてほしい

いろいろ思いついたかもしれません。

あなたはいま、赤ちゃんが泣いている理由を知ろうと、発達に関する知識を積極的に活用しています。

次は、こんな場面を想像してみてください……

いまは夕方です。生後 10 週間のあなたの赤ちゃんが、もう 30 分も泣いています。あなたはすでに、いろいろなことを試してみました。

- 授乳する
- 赤ちゃんの体が何かに挟まったり、ぶつかったりしていないかどうかを確かめる
- 着ているものを脱がせたり、毛布を取ったりする
- もっと厚着をさせたり、毛布を追加したりする
- 体温を測る
- ゆっくり体を揺らしたり、歌を歌ったり、抱いて歩いたりして、あやす
- 背中をさする

それでもまだ、赤ちゃんは泣きやみません。

この月齢の発達段階について、ここでもう一度、第３章でお読みになったことを思い出してみましょう。

そのうえで、赤ちゃんが泣きつづけている理由を、できるだけたくさん書き出してください。

あなたの考えた理由の中にはこんなものがありましたか？

- あなたに見つけられない痛みがある

- あなたに見つけられない病気がある

- お腹にガスがたまっている

- こういう泣き方は自然なもの

どうでしょうか？　あなたは赤ちゃんが泣きやまない理由を知ろうと、発達に関する知識を積極的に活用しています。

覚えておいてほしいのは、赤ちゃんはあなたを怒らせるために泣くわけでは**絶対にない**ということです。赤ちゃんはあなたに感情があることを理解していません。泣かなければならない理由があるから、泣くだけなのです。

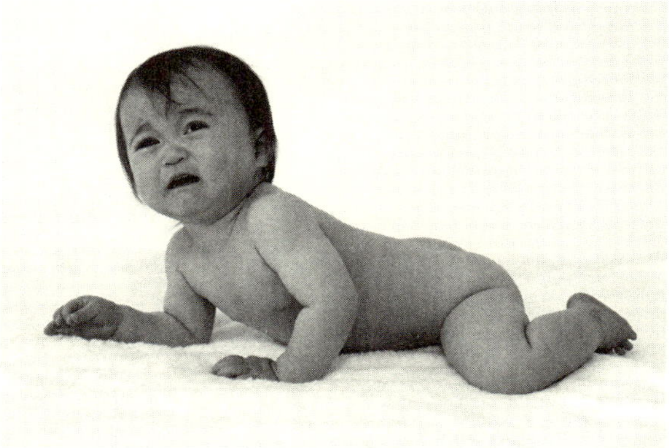

6〜12カ月

この時期、赤ちゃんとの生活で親が特に頭を痛めるのは、十分な睡眠を確保できないことです。赤ちゃんが夜泣きをすると、親は朝までぐっすり眠ることができず疲れきってしまいます。

こんな場面を想像してみてください……

生後６カ月のあなたの赤ちゃんは、いまだに午前４時に目を覚まします。それも毎日です。あなたは疲れていて、赤ちゃんに一晩中ずっと眠りつづけてもらいたいと思っています。この頃の発達段階について、第３章でお読みになったことを頭に思い浮かべてみてください。そのうえで、赤ちゃんが夜中に目を覚ます理由を、できるだけたくさん書き出してみましょう。

どんな理由を思いついたでしょうか？

- お腹がすいている、のどがかわいている
- 歯が生えてきていて痛い
- 暑すぎる、寒すぎる
- おむつが汚れている
- 体調が悪い
- あなたがいなくなったと思い、不安になっている
- 脳内神経系が発達し、リズムが作られつつある
- 抱っこしてほしい
- ゆっくり体を揺らしたり、抱っこして歩いたりしてほしい

いろいろ思いついたかもしれません。あなたは赤ちゃんが夜中にたびたび目を覚ます理由を知ろうと、発達に関する知識を積極的に活用しています。

覚えておいてほしいのは、赤ちゃんが泣くのは親を怒らせるためでも、甘やかされてわがままになったせいでもないということです。赤ちゃんの面倒をみすぎたり、気にかけすぎたりしたからといって、わがままな子に育つということはありえません。

赤ちゃんは芽を出したばかりの、植物のようなものです。
元気にすくすく育つためには、たくさん世話をして、目をかけることが必要なのです。

次は、こんな場面を想像してみてください……

あなたの赤ちゃんは大きな声を出すようになりました。突然、叫び声を上げてみたり、言葉にならない音を発してみたりするのです。それは、たくさんの人がいる場所や、とても静かな場所でも、時を選ばず始まってしまうことがあります。

この頃の発達段階について第３章でお読みになったことを頭に思い浮かべてみてください。そのうえで、赤ちゃんが大声を出している理由を、できるだけたくさん書き出してみましょう。

どんな理由を思いついたでしょうか？

■ しゃべるまねをしようとしている

■ 声を出せることを楽しんでいる

■ いろいろな音を出してみて、何が起きるかを試している

■ 自分の母国語の音を練習している

■ 赤ちゃんがよくやるように、喃語を話している

■ おしゃべりの第一歩

いろいろ思いついたかもしれません。あなたはいま、赤ちゃんがときどき叫ぶ理由を知ろうと、発達に関する知識を積極的に活用しています。

赤ちゃんは、あなたに恥をかかせたり、怒らせたりするために大声を上げているのではありません。音と出会い、うれしくてしかたないのです。実験をして、どんな新しい音が出せるかを確かめてみたいのです。赤ちゃんが声を出すのは――それがたとえ大声であっても――発達している証拠です。

1～2歳

この時期になると、子どもは歩くようになります。そして、探検をしたがるようになります。親にとって悩ましい問題となるのは、どのように子どもの安全を守るか、ということです。

こんな場面を想像してみてください……

あなたの家のよちよち歩きさんはとても活発です。家じゅうをかなりのスピードで動き回り、いろいろなものに触って歩きます。そして、包丁やはさみにも興味しんしんです。

いまのままでは、けがをするのではないかと、あなたは心配です。こんな状況を変えるために、この頃の発達段階について第３章でお読みになったことを頭に思い浮かべてみてください。そのうえで、よちよち歩きのお子さんが危険なことをしてみたがる理由を、できるだけたくさん書き出してみましょう。

どんな理由を思いついたでしょうか？

- いろいろ学ぶために、触ってみる必要がある
- 探検したくてたまらない
- まだ本当に危険な目に遭ったことがない
- いろいろあるもののうち、どれが危険か、わからない
- 注意や説明を理解できるほどの言語能力はまだない
- 新しいものに出会い、その手触りや味を確かめるのが楽しい
- 自分の身のまわりは安全な場所だと信じている
- 学ぶことが大好き

いろいろ思いついたかもしれません。あなたはいま、よちよち歩きさんがときどき危険なことをしてみたくなる理由を知ろうと、発達に関する知識を積極的に活用しています。

次は、こんな場面を想像してみてください……

ある日、あなたの家のよちよち歩きさんが家の中を歩き回っているとき、テーブルの上にお碗《わん》があるのを見つけました。たまたまそれは、あなたが気に入っている手作りのお碗でした。

もともとはあなたのお母さんのもので、あなたにとっては大切な宝物です。よちよち歩きさんはこのお碗を目にして、手を伸ばし、それを床に落としてしまいました。お碗は割れました。

さて、ここでどのようにお子さんと向き合えばいいのか考えるため、この頃の発達段階について第３章でお読みになったことを頭に思い浮かべてみてください。そのうえで、この時期のよちよち歩きさんがあなたのお気に入りのお碗を落としてしまった理由を、できるだけたくさん書き出してみましょう。

どんなものを思いついたでしょうか？

- 家にあるものの中で、どれが割れやすいものか、わかっていない
- お碗に対するあなたの気持ちが理解できない
- 自分のすることがどんな結果を招くか、想像できない
- いろいろ学ぶため、触ってみる必要がある
- 探検したくてたまらない
- 注意や説明を理解できるほどの言語能力はまだない
- 新しいものを見るのが楽しい
- 自分の身のまわりは安全な場所だと信じている
- 学ぶことが大好き

いろいろ思いついたかもしれません。あなたはいま、お子さんがあなたの大切なものを壊してしまった理由を知ろうと、発達に関する知識を積極的に活用しています。

覚えておいてほしいのは、よちよち歩きさんがものを触ったり、なめたり、落としたりするのは、あなたを怒らせるためではないということです。いろいろあるもののうち、けがの危険があるものはどれか、あなたの大切なものはどれか、そして壊れる恐れがあるものはどれかといったことを、まったく知らないのです。お金についてももちろん理解できないので、ものの値打ちはわかりません。

ものを触ったり、なめたり、落としたりする経験を通じて、よちよち歩きさんは自分の身近な世界について日々学んでいるのです。

次は、こんな場面を想像してみてください……

雨が降っています。あなたは、予約の時間までに病院へお子さんを連れていかなければなりません。乗る予定のバスが、もうすぐやって来ます。あなたはお子さんにコートを着せようとしますが、お子さんはいやがり、「やだ！」と言って逃げました。あなたは自分の中でいらだちが強まってきているのを感じています。

ここで少し、この年頃の子どもの発達について、第３章でお読みになったことを頭に思い浮かべてみてください。そして、お子さんがコートを着るのをいやがっている理由を、できるだけたくさん書き出してみましょう。

どんな理由を思いつきましたか？

- 自分の意思で行動したい！という強い気持ちが芽生えている
- 時間というものを理解していない
- コートを着ることがなぜ大切なのか、理解できない
- バスに乗り遅れるとなぜ困るのか、理解できない
- なぜ**いま**行かなければならないのか、理解できない
- 一生懸命取り組んでいたことを、やめさせられたと感じている
- 自分の着るものは自分で選びたい
- 雨の中のお出かけは経験がないし、濡れたときの不快感もわからない
- あなたのいらいらを感じ取って、ストレスが高まった
- コートの着心地が嫌い
- この年頃にありがちな、「いやだいやだ」

いろいろ思いついたかもしれません。あなたはいま、お子さんがやらなければならないことや、やって当然のこと、そしてあなたにとって大事なことをなぜやりたがらないときがあるのか、その理由を知ろうと、発達に関する知識を積極的に活用しています。

2～3歳

この頃、多くの子どもは恐怖を感じるようになります。親がそばを離れるだけで泣いたり、ほかの人を怖がったりするようになり、これがときに親にとってストレスとなることがあります。

こんな場面を想像してみてください……

お子さんは、夜、寝るのをいやがるようになりました。あなたがそばを離れると、大泣きするのです。あなたは、寝るのをいやがるお子さんにだんだん怒りを覚えはじめています。

この頃の発達段階について第３章でお読みになったことを頭に思い浮かべてみてください。そして、お子さんが寝るのをいやがる理由を、できるだけたくさん書き出してみましょう。

あなたはどんな理由を思いつきましたか？

- 想像力が豊かで、恐ろしい怪獣を頭の中で作り上げてしまう
- 空想と現実の違いを理解していない
- 影は幽霊で、奇妙な物音は侵入者で、風は恐ろしい生きものだと信じている
- 部屋にかけてある絵が生きていると信じている
- 暗闇にひとりきりでいると、危険を感じる
- あなたがそばを離れた後、また戻ってきてくれるということを理解していない
- 感じている恐怖を言葉で表現できない
- あなたの怒りを感じ取って、ストレスが高まった

いろいろ思いついたかもしれません。あなたはいま、お子さんが夜、寝るのをいやがる理由を知ろうと、発達に関する知識を積極的に活用しています。

次は、こんな場面を想像してみてください……

あなたのお子さんはボール遊びが大好きです。ボールをついたり、コロコロ転がしたり、上に座ったり、投げたりするのが楽しくてしかたありません。ある日、近くの店に行ったとき、大きい真っ赤なボールがお子さんの目に飛び込んできました。お子さんは歓声を上げ、ボールに飛びつくと、棚から下ろし、それを持って走っていきました。でも、いまのあなたの所持金では、ボールを買うことはできません。そこでお子さんを追いかけ、ボールを元の棚に戻すように言いましたが、お子さんは泣いてかんしゃくを起こしはじめました。

この頃の発達段階について、あなたがすでに得た知識を頭に思い浮かべてみてください。そして、お子さんがかんしゃくを起こしている理由を、できるだけたくさん書き出してみましょう。

あなたはどんなことを思いつきましたか？

- 店がどんなところか、お金はどんなものかということについて理解していない
- なぜボールが自分のものにならないかを理解できない
- 自分の気持ちを言葉で表現できない
- あなたの気持ちがわからない
- 自分の意思で行動したいという自立願望が強い
- 自分のまわりの身近な世界を思いどおりにしたい

いろいろ思いついたかもしれません。あなたはいま、お子さんがかんしゃくを起こしている理由を知ろうと、発達に関する知識を積極的に活用しています。

3～5歳

この時期の子どもはとても好奇心が旺盛です。どんなものでも、それがどういう仕組みになっているのか、そしてなぜそうなのかを知りたがります。いろいろなもので実験してみるのが大好きです。

こんな場面を想像してみてください……

お子さんは食器棚を開けると、中のものをすべて取り出し、積み上げて、倒しました。食器の一部が落ちて、割れてしまいました。

あなたは怒りがふつふつとわいてくるのを感じます。ここで少し、この頃のお子さんの発達段階について頭に思い浮かべてみてください。そして、お子さんがこんなことをした理由を、できるだけたくさん書き出してみましょう。

あなたはどんなことを思いつきましたか？

- ものがどういうふうにできているのか、知りたくてしかたがない
- いろいろなものの特徴を知るために、実験をするのが大好き
- 自分を取り巻く世界について知りたいという、自然な欲求がある
- 遊びたいという強い欲求がある
- 遊びに夢中になって「われを忘れて」しまう
- どんなものが割れやすいかを予想できるほど、ものを扱った経験はない
- そういうものが割れてしまうとなぜ困るのか、わからない

いろいろ思いついたかもしれません。あなたはいま、お子さんがものを割るような行動をとった理由を知ろうと、発達に関する知識を積極的に活用しています。

次は、こんな場面を想像してみてください……

あなたは仕事に出かける支度をしています。お子さんはいま、お気に入りのおもちゃで静かに遊んでいます。あなたは支度ができて、「さあ出かける時間だよ」とお子さんに言いましたが、お子さんは遊ぶのをやめません。もう一度、同じことを言いましたが、やはりお子さんは遊びつづけています。あなたはいらだち、腹が立ってきました。

ここで一度深呼吸をして、この頃の子どもの発達について頭に思い浮かべてみてください。そして、お子さんがあなたの指示に応じない理由を、できるだけたくさん書き出してみましょう。

あなたはどんな理由を思いつきましたか？

- 本能として、遊びたいという強い気持ちがある
- 遊びにすっかり熱中している
- その遊びは、子どもにとって大切なもの
- 取り組みはじめたことは最後まで終わらせたい
- なぜ**いますぐ**出かけなければならないのか、理解できない
- あなたの立場から考えることは難しい
- 大事なことをしている真っ最中に突然、邪魔をされたと感じている

いろいろ思いついたかもしれません。あなたはいま、お子さんが遊びをやめて一緒に出かけようとしない理由を知ろうと、発達に関する知識を積極的に活用しています。

次は、こんな場面を想像してみてください……

あなたはとても疲れていますが、夕食の準備をしています。メニューはもうすべて決めてあって、下ごしらえした食材をこれから混ぜるところです。そのときお子さんが、「お手伝いをする」と言いました。もしお子さんに手伝わせたら、食事の準備はかえって時間がかかるでしょうし、後片付けも、よけいに時間がかかるでしょう。

あなたは、さっさと自分で作ってしまいたいと思い、やんわりと断りました。でも、お子さんは手伝うと言って聞きません。あなたはだんだんストレスを感じてきています。

ここで少し、この頃のお子さんの発達段階について頭に思い浮かべてみてください。そして、お子さんが「どうしても手伝いたい」と言う理由を、できるだけたくさん書き出してみましょう。

あなたはどんな理由を思いつきましたか？

- 新しいことを学びたいという強い思いがある
- 子どもとして自然な、難しいことに挑戦してみたいという気持ちが強い
- 食材をいじる感触が楽しい
- 食材を混ぜて調理したらどうなるかを見てみたい
- あなたが手伝ってもらいたくない理由を理解できない
- あなたの立場で考えることは難しい
- 大人がしている重要なことを自分もやってみたい
- あなたのようになりたい

いろいろ思いついたかもしれません。あなたはいま、お子さんが「どうしても手伝いたい」と言う理由を知ろうと、発達に関する知識を積極的に活用しています。

次は、こんな場面を想像してみてください……

あなたは外で庭仕事をしています。お子さんは近くで大好きなボール遊びをしています。不意にボールが車道にコロコロと転がっていったときのことでした。ちょうど車が走ってきたところに、お子さんがボールを追いかけて車道に飛び出したのです。あなたはお子さんがひかれると思い、心臓が止まりそうになりました。あわてたあなたは、お子さんをすぐにつかまえましたが、お子さんに二度とこんなことをさせるわけにはいきません。

ここで、お子さんと向き合う前に、お子さんのこの時期の発達について頭に思い浮かべてみてください。そして、お子さんが車道に飛び出してしまった理由を、できるだけたくさん書き出してみましょう。

あなたはどんなことを思いつきましたか？

- 大きくて硬い、車のようなものにぶつかられた経験がない
- 自分の体と比べて、車がどんなに大きく頑丈かを理解していない
- 走っている車が与える自分への衝撃を理解していない
- 車のドライバーの立場になって考えてみることができない
- 大けがをするとどうなるか、理解していない
- 死ぬということ、そして死んだら生き返らないことがわからない
- われを忘れて遊んでしまう傾向があり、周囲のことまで気づかない

いろいろ思いついたかもしれません。あなたはいま、お子さんが車道に飛び出してしまった理由を知ろうと、発達に関する知識を積極的に活用しています。

5〜9歳

お子さんはいよいよ、学校という新しい世界に足を踏み入れます。あなたがお子さんへ期待することも変わりはじめます。そしてお子さんの生活は、以前よりずっと複雑になってきます。

こんな場面を想像してみてください……

学校の先生から、お子さんに手を焼いていると連絡がありました。じっと座っていることができず、課題を終えるのにとても時間がかかるというのです。

お子さんがうまく学校でやっていけるかどうかということは、あなたにとって切実な問題です。あなたはお子さんが帰宅する前に、どのようにお子さんに話すかを考えたいと思っています。

ここで、この時期のお子さんの発達と気質について頭に思い浮かべてみてください。そして、学校でお子さんがとっている行動にどんな理由が考えられるのか、できるだけたくさん書き出してみましょう。

あなたはどんなことを思いつきましたか？

- 活動性が高く、じっと座っているのが難しい
- 活動性が高く、静かな活動はつまらなく感じる
- 生活のリズムが不規則で、毎日の日課をこなすのが難しい
- 就寝時間が遅く、次の日に疲れていることが多い
- 食事のリズムが学校生活に合わず、授業中にお腹がすく
- 新しい環境や、初めての人たちに強い関心がある
- 教室内での新しい期待やルール、日課などすべてに順応するのが難しい
- 周囲で起きるすべてのことが気になり、興味がわく
- すぐに上手にできないことには、興味がなくなる
- 交友関係や友だち作りへの興味が強まっている

いろいろなことを思いついたかもしれません。あなたはいま、お子さんが学校で先生の期待に応えられない理由を知ろうと、発達とお子さんの気質に関する知識を積極的に活用しています。

次は、こんな場面を想像してみてください……

お子さんはお友だちと動物のおもちゃで遊んでいます。馬のおもちゃは1つしかありませんが、2人ともそれで遊びたいようです。その馬をお友だちが取ったとき、お子さんはお友だちを叩いて、馬を横取りしようとしました。お友だちは泣いて、怒り出しました。楽しそうに遊んでいたはずの2人が、いま大声でけんかをしています。

あなたはけんかを止めて、お子さんにほかの人を叩いてはいけないことを教えたいと思っています。お子さんと話をする前に、この時期の発達やお子さんの気質について頭に思い浮かべてみてください。そして、お子さんがお友だちを叩いてしまった理由を、できるだけたくさん書き出してみましょう。

あなたはどんなことを思いつきましたか？

- 友だちとの衝突を経験したことがない
- 友だちの視点を理解するのが難しい
- 自分の気持ちを言葉で表現するのが難しい
- 「欲しい」という衝動を抑えるのが難しい
- 不満を感じると、それに強く反応してしまう気質をもっている
- あなたが過去に怒ったりいらだったりしたとき、人を叩くところを見たことがある

いろいろ思いついたかもしれません。あなたはいま、お子さんがほかの子を叩いて言い争いをした理由を知ろうと、発達とお子さんの気質に関する知識を積極的に活用しています。

10〜13歳

この時期になると、子どもにとって交友関係がますます重要になります。友だちとの関係が深まるだけでなく、仲たがいも経験します。子どもは自分がどういう人間なのか、そしてどんな人間になりたいのかについて学んでいるのです。

こんな場面を想像してみてください……

お子さんがぶすっとして学校から帰ってきました。あなたとは口をききたくないようで、不機嫌そうな声を出しています。あなたはお子さんの態度が悪いと感じ、ムッとしました。自分に対してそんなしゃべり方をしてはいけないと、お子さんに教えたいと思っています。

ここでお子さんを叱る前に、まずお子さんの発達段階について頭に思い浮かべてみてください。そして、お子さんがそのように振る舞う理由を、できるだけたくさん書き出してみましょう。

あなたはどんな理由を思いつきましたか？

- 一日中、学校での複雑な友だち関係に対処するのに疲れはて、ストレスがたまった
- 一日中、先生が期待するように品行方正に振る舞ったり、勉強をしたりして神経を使っていた
- 学習障害や先生のつたない教え方のためか、特定の科目がひどく苦手になっている
- 試験の成績について心配している
- 成績のことであなたに怒られるのではないかと不安になっている
- いじめられている
- 友だちの１人に無視されている、もしくはクラスで仲間はずれにされている
- 友だちへの忠誠を試されるような難しい決断に迫られている
- 不安や心配を表現するのが難しい
- あなたに反対されるような行為を強いる、仲間からの圧力を感じている
- 悩みに自分で対処したいと思っている
- あなたになら、いらだちをぶつけても大丈夫だと安心している
- 睡眠不足で、必要な友だち付き合いや勉強をしっかりこなせないでいる
- 体の成長に必要な栄養が足りていない
- ホルモンに関わる変化が気分に影響している

いろいろ思いついたかもしれません。あなたはいま、お子さんの動揺または怒りの理由を知ろうと、発達に関する知識を積極的に活用しています。

14～18歳

　この時期になると、お子さんは自分探しに励んだり、なりたい人物像を決めたりしています。自分独自のアイデンティティを模索しているのです。

こんな場面を想像してみてください……

　お子さんはこれまでずっと、あなたがいいと思えるような服装をしていました。でもある日、片方の眉にピアスをし、髪を逆立て、過激なスローガンが書かれたシャツに身を包んでいました。あなたはお子さんの身なりにショックを受け、戸惑いを感じています。**いますぐに**服を着替え、髪を洗い、眉のピアスをはずしてほしいと考えています。

　あなた自身がパニックを起こす前に、お子さんの発達段階について頭に思い浮かべてみてください。そして、お子さんが突然、明らかにあなたに反対されるような服装を選んだ理由を、できるだけたくさん書き出してみましょう。

あなたはどんなことを思いつきましたか？

- 自分の個性を表現したいという強い衝動がある
- 自分を知るため、自分を親から切り離してみたい
- 親とより、仲間とうまくやっていくことの方が大切だと感じている
- 自分は人の意のままになるのではなく、自立していると感じたい
- 自分のセンスや信念、好みを表現したいという思いが強い
- いちばんしっくりくるアイデンティティを見つけるため、新しいことを試したい

いろいろ思いついたかもしれません。あなたはいま、お子さんが急に外見を変えた理由を知ろうと、発達に関する知識を積極的に活用しています。

次は、こんな場面を想像してみてください……

あなたは17歳になったお子さんに、週末は夜10時までに帰宅するよう言ってあります。いまは土曜日の夜10時半です。お子さんはまだ帰宅していません。

あなたは心配でたまりません。なぜなら、お子さんは車でパーティーに行ったのですが、その車のドライバーはまだ運転に不慣れなのです。それに、パーティーにはあなたの知らない若者たちもいるはずです。しかも、会場にはアルコール類が用意されていると思われます。あなたが不安と心配と怒りで爆発しそうになったとき、お子さんが帰ってきました。

あなた自身の気持ちを爆発させる前に、ここで、この時期のお子さんの発達段階について頭に思い浮かべてみてください。そして、お子さんがこういう状況下で遅く帰宅した理由を、できるだけたくさん書き出してみましょう。

あなたはどんな理由を思いつきましたか？

- 自分が危険に遭うことなどないと信じている
- 危険性を知っているからこそ心配しているあなたの気持ちを、なかなか理解できない
- もっと自立して、ものごとを自分で決めたい
- ほかの若者に「ノー」と言う自信がない
- 自分はもう大人だと、自分自身やほかの仲間に証明したい
- 自立をしたい一方、あなたの手助けも、同時に必要だと認識している
- 自分はもう自立できるということをあなたに証明したい
- 自分の望むことや大切に考えていることを伝える術《すべ》をもちたい

いろいろ思いついたかもしれません。あなたはいま、この年頃のお子さんが危険な状況下で遅く帰宅した理由を理解しようと、発達に関する知識を積極的に活用しています。

第5章

ポジティブ・ディシプリンで対応する

すでに長期的な目標を決めたあなたは、自分がポジティブ・ディシプリンを通じ、子育てにおいて何を成し遂げようとしているか、自覚しているはずです。

その目標を達成するには、温かさと枠組みを与えることが大切であることも理解しているでしょう。

それぞれの年齢の子どもの考え方・感じ方も学んだので、どうすれば適切な方法で温かさと枠組みを与えられるかについても、わかっているはずです。

それに、課題を解決する演習によって、お子さんの振る舞いの理由を検討するトレーニングも重ねました。

ここからは、以上の知識や技術を総動員したうえで、お子さんの発達段階を尊重しつつ、かつあなたの長期的な目標に近づくような方法で、難しい場面への対応をトレーニングしていきます。

この章では第４章で検討した場面を再び振り返り、ポジティブ・ディシプリンを使って対応する方法を考えていきます。

Step 1　自分の目標を思い出す

第1章で決めたあなたの長期的な目標をもう一度、思い起こしてみましょう。今回もやはり、20歳になったお子さんの姿を思い浮かべてください。この時期を迎えたお子さんがどんな状況に直面することになるか、どんな選択を迫られるのか、そしてどんな試練に遭遇するのか、想像してみてください。

20歳になったお子さんに、どんな人になっていてもらいたいでしょうか？あなたが望む成人したお子さんの姿をすべて書き出してみてください。

ポジティブ・ディシプリンの目的は、こうした長期的な目標に近づくような方法で、子どもの行動に対応することです。ポジティブ・ディシプリンを上手に使いこなすには、いつも長期的な目標をいちばんに考えていなければなりません。

確かに、場面によってはつい短期的な目標しか見えなくなり、長期的な目標を忘れてしまいそうになります。でも、長期的な目標をあなたの手引きとすれば、短期的な問題にも、もっと上手に対応できるようになるはずです。

お子さんは常に発達し、成長し、学習し、変化しているのだということを忘れないでください。夜泣きをする時期も、何でも口に入れる時期も、ずっと続くわけではありません。こういったことは短期的な問題です。でも、そんな一時の問題への対応次第で、長期的な目標への前向きな一歩を踏み出すことができるのです。

Step 2 温かさと枠組みを意識する

第２章では、お子さんに温かさと枠組みを与える方法について考えました。ここでもう一度、同じことを考えてみましょう。

まず、あなたがお子さんに温かさ（愛情表現、安心感、発達段階への配慮、共感）を与える方法について考えてください。いくつでも、思いつくだけ書いてみてください。

次は、枠組み（情報、手引き、手助け）を示す方法について考えてください。いくつでも、思いつくだけ書いてみてください。

Step 3　お子さんの考え方・感じ方を考える

第３章では、子どもの発達の段階がどのように進むかについて考えました。子どもは生まれたとき、自分を取り巻く世界のことをまったく知らず、理解もしていません。経験を積みながら、ごくゆっくりと学んでいくのです。

発達の最中は、子どもはいつも**理解すること**そして**自立すること**を目指して懸命に努力しています。

親をいらだたせたり悩ませたりする行動の大半は、ものごとを理解し、もっと自立しようとする試みにすぎないのです。

こうした状況を子どもの視点から眺められたなら、私たちは子どもの理解と自立のために必要な、温かさと枠組みを与えることができます。

Step 4　課題を解決する

発達に関する知識を応用すると、「子どもの視点から見れば、子どもの行動はたいてい理にかなっている」ということがわかるようになります。第４章では、そういうことを確認しました。

子どもの行動を親の視点からしか見ないとき、私たちは子どもにしてほしくないことをされると、いらだちや怒りを覚えがちです。ときに、子どもがわざと私たちを怒らせようとしているとさえ、思ってしまうかもしれません。

でも、子どもは私たちを怒らせたいわけではありません。大人に腹を立てられると、子どもは自分自身をとてもちっぽけで無力な存在に感じます。私たちと同様、子どもにとってもそのような感覚はいやなものなのです。

私たちがしてほしくないことを子どもがしているとき、それはたいてい理解力不足と、自分でものごとを選びたいという気持ちの表れなのです。子どもの発達段階に配慮できれば、私たちは子どもの理解力を向上させ、上手に選ぶちからを磨く手助けをすることができます。

Step 5　ポジティブ・ディシプリンで対応する

では、いよいよこれから、難しい場面に実際にどう対応すればいいのかを考えていきます。

新しい方法で対応するには多くの練習が必要です。そのためには何度も同じことを繰り返す必要があります。この章の演習問題では、それぞれ異なる日常の場面について、何度も同じ質問に答えることで練習を重ねます。

日々の対応方法を実際に変えるには、この章にあるすべての場面について、すべての質問に答えてみるくらいの、十分な練習を積み重ねることが必要になるでしょう。あなたは何度も同じ質問に答えることになりますが、お子さんとの毎日にポジティブ・ディシプリンを楽に使えるようになるためには、この繰り返しが必要なのです。

質問１つ１つをよく吟味し、あなたの対応の１つ１つがお子さんの行動にどう影響しうるか、しっかり考えるように心がけてください。

あなたの子育ての目標を思い出し、温かさと枠組みを与え、子どもの視点を取り入れることで、子どものちからをのばす前向きで建設的な対応方法をより容易に選べるようになります。このことをさらに深く理解するため、第４章ですでに検討した場面をもう一度、振り返っていきましょう。

0〜6カ月

実践トレーニング

[場面設定]

生後10週間のあなたの赤ちゃんが、5分前から泣いています。

あなたは何をすべきでしょうか？　以下にある1〜3の対応方法について1つ1つよく検討し、いちばんいいのはどの方法なのか、そしてそれはなぜなのかを考えてみましょう。

1. 泣いたことへの罰を与えるため、赤ちゃんの体を揺さぶる
2. 赤ちゃんを無視して、泣き叫ばせておく
3. 授乳したり、おむつを替えたり、ゆっくり体を揺らしたり、歌を歌ったり、抱きしめたりしてみる

Step 1 長期的な目標を思い出す

あなたが決めたいくつかの**長期的目標**のうち、この場面に関係する目標はどんなものがありますか？

1～3の中から、あなたの長期的な目標に近づく方法を選び、チェックマークをつけてください。

1 揺さぶる ■……□

2 無視する ■……□

3 授乳し、おむつを替え、ゆっくり体を揺らし、歌を歌い、抱きしめる ■……□

Step 2　温かさを意識する

1～3の対応方法を、**温かさ**を与えるという視点から、あらためて見直してみましょう。以下に挙げたのは**温かさ**を与える行為の例ですが、これらに当てはまるのは1～3の対応方法のうちどれでしょうか。チェックマークをつけてください。

	1	2	3
安心感を与える	☐	☐	☐
無条件の愛を示す	☐	☐	☐
愛情を表現する	☐	☐	☐
発達段階に配慮している	☐	☐	☐
子どもの欲求を感知する	☐	☐	☐
子どもの気持ちへの共感を示す	☐	☐	☐

第3章で学んだように、枠組みは赤ちゃんにとって必要がないだけでなく、プラスにもまったくなりません。このことはぜひ覚えておいてください。期待やルールや説明を理解する言語能力も推論能力も、赤ちゃんにはまだないのです。

Step 3 お子さんの考え方・感じ方を考える

この月齢の赤ちゃんは**なぜ**泣くのでしょう？

Step 4 課題を解決する

今度は、小さな赤ちゃんの発達段階に関する観点から、1～3の対応方法をあらためて見直してみましょう。あなたの赤ちゃんの発達段階に配慮しているといえる対応方法にチェックマークをつけてください。

1 揺さぶる ■………………………………… □

2 無視する ■………………………………… □

3 授乳し、おむつを替え、ゆっくり体を揺らし、
歌を歌い、抱きしめる ■……………………… □

Step 5　ポジティブ・ディシプリンで対応する

ここまで、あなたの子育てにおける長期的な目標や、温かさを与える方法、そしてあなたの赤ちゃんの発達段階について振り返りました。これらを踏まえ、あなたなら１～３のどの対応方法を選びますか？

３番を選んだなら、大正解です！

あなたは子どものちからをのばす親力を着実に身につけています。

note 産後うつ

赤ちゃんが生まれると、母親の生活はがらりと変わります。母親は赤ちゃんがいなかった頃、つまり自分の好きなときに食べたり、眠ったり、出かけたりできた頃に戻りたいと思うことがあります。新米の母親は、赤ちゃんの世話の大変さにすっかりまいってしまうときがあるのです。

赤ちゃんが生まれてライフスタイルが変わるというだけでなく、母親の体にも大きな変化が起きます。出産からの回復を速め、赤ちゃんが飲む母乳を作るために、ホルモンが変動するのです。

いくら赤ちゃんを愛していても、母親はこうしたライフスタイルと体の変化に見舞われて、出産後にうつ状態になる場合があります。これは珍しいことではありません。うつになったとしても、それはその女性がだめな母親であるとか、だめな人間であるというわけではありません。うつ状態になることは、大きな変化に対して起きた１つの反応にすぎないのです。

もしあなたがよく泣いたり、「沈んだ」気分だったり、気力がなかったり、赤ちゃんに愛情を感じなかったりするなら、すぐにかかりつけ医や保健センターの保健師、または区・市役所の子育て支援担当窓口に相談しましょう。あなたには、サポートや相談相手、そして自分の時間が必要なのです。そのほか、産後うつについて資料を読んだり、ほかの母親たちと交流したりするのもいい方法でしょう。

場合によって、この種のうつはひどくなることがあります。赤ちゃんに愛情を感じられなかったり、赤ちゃんを傷つけようという考えが少しでも浮かんだりするなら、ただちにかかりつけ医や保健師などに相談しましょう。あなたのつらい状態を改善する治療法があります。

6～12カ月

実践トレーニング

［場面設定］

生後6ヵ月のあなたの赤ちゃんが、もう30分も泣いています。

あなたは何をすべきでしょうか？　以下にある1～3の対応方法について1つ1つよく検討し、いちばんいいのはどの方法なのか、そしてそれはなぜなのかを考えてみましょう。

1. 夜泣きをしてはいけないと教えるため、お尻を叩く
2. 甘やかされてわがままになったりしないよう、無視する
3. 授乳したり、おむつを替えたり、ゆっくり体を揺らしたり、歌を歌ったり、抱きしめたりしてみる

Step 1　長期的な目標を思い出す

あなたが決めたいくつかの**長期的目標**のうち、この場面に関係する目標はどんなものがありますか？

1～3の中から、あなたの長期的な目標に近づく方法を選び、チェックマークをつけてください。

- [1] 叩く ■…………□
- [2] 無視する ■…………□
- [3] 授乳し、おむつを替え、ゆっくり体を揺らし、歌を歌い、抱きしめる ■…………□

Step 2　温かさを意識する

1～3の対応方法を、**温かさ**を与えるという視点から、あらためて見直してみましょう。以下に挙げたのは**温かさ**を与える行為の例ですが、これらに当てはまるのは1～3の対応方法のうちどれでしょうか。チェックマークをつけてください。

	1	2	3
安心感を与える	☐	☐	☐
無条件の愛を示す	☐	☐	☐
愛情を表現する	☐	☐	☐
発達段階に配慮している	☐	☐	☐
子どもの欲求を感知する	☐	☐	☐
子どもの気持ちへの共感を示す	☐	☐	☐

第3章で学んだように、枠組みは赤ちゃんにとって必要がないだけでなく、プラスにもまったくなりません。このことはぜひ覚えておいてください。期待やルールや説明を理解する言語能力も推論能力も、赤ちゃんにはまだないのです。

Step 3 お子さんの考え方・感じ方を考える

この月齢の赤ちゃんは**なぜ**泣くのでしょう？

Step 4 課題を解決する

今度は、赤ちゃんの発達段階に関する観点から、１〜３の対応方法をあらためて見直してみましょう。あなたの赤ちゃんの発達段階に配慮しているといえる対応方法にチェックマークをつけてください。

1 叩く ■ □

2 無視する ■ □

3 授乳し、おむつを替え、ゆっくり体を揺らし、歌を歌い、抱きしめる ■ □

Step 5　ポジティブ・ディシプリンで対応する

ここまで、あなたの子育てにおける長期的な目標や、温かさを与える方法、そしてあなたの赤ちゃんの発達段階について振り返りました。これらを踏まえて、あなたなら１～３のどの対応方法を選びますか？

３番を選んだなら、大正解です！

子どもは、あらゆる形の身体的暴力から守られる権利をもっています。

国連「子どもの権利条約」第 19 条

note 赤ちゃんが泣くとき

親はときに、赤ちゃんの世話でへとへとに疲れはてることがあります。赤ちゃんが泣きやまないと、体を揺さぶったり、叩いたりしたくなるときがあるかもしれません。でも、揺さぶったり叩いたりしても、赤ちゃんは泣きやまないでしょう。かえって、次のような結果につながるかもしれません。

赤ちゃんがあなたを怖がるようになる

あざができる、ひどい場合は骨折する

脳に損傷を与える

死んでしまう

赤ちゃんの体と脳はとてもデリケートです。
赤ちゃんを揺さぶったり、叩いたりすることは、絶対してはなりません。

もし赤ちゃんが泣きやまないのなら、あなたがそこにいる理由を知る必要があります。抱っこして、あやしてもらう必要があるのです。赤ちゃんが甘やかされてわがままになることはありえません。

でも、あなたがいつも赤ちゃんをあやせる状態にあるとは限りません。自分がとても疲れているとか、ストレスがたまっていると思うときは、家族や友だち、かかりつけ医、あるいは地域にいる相談できる人や機関（区・市役所の子育て支援担当窓口など）に必ず助けを求めてください。きっとちからになってくれるでしょう。

実践トレーニング

［場面設定］

あなたの赤ちゃんは大きな声を出すようになりました。突然、叫び声を上げてみたり、言葉にならない音を発してみたりするのです。あなたはいま、カフェで昼食をとっています。そして赤ちゃんに食事をさせようとしたまさにそのとき、赤ちゃんが大きな叫び声を上げました。

あなたは何をすべきでしょうか？　以下にある１～３の対応方法について１つ１つよく検討し、いちばんいいのはどの方法なのか、そしてそれはなぜなのかを考えてみましょう。

1. 大声でわめいたので、食事は抜きだと言う
2. 大声を出してはいけないと教えるため、叩く
3. 落ち着かせるために静かな声で話しかけ、おもちゃで注意をそらす

Step 1　長期的な目標を思い出す

あなたが決めたいくつかの**長期的目標**のうち、この場面に関係する目標はどんなものがありますか？

1～3の中から、あなたの長期的な目標に近づく方法を選び、チェックマークをつけてください。

1 食事は抜きだと言う □

2 叩く □

3 静かな声で話しかけ、おもちゃで注意をそらす □

Step 2　温かさを意識する

1～3の対応方法を、**温かさ**を与えるという視点から、あらためて見直してみましょう。以下に挙げたのは**温かさ**を与える行為の例ですが、これらに当てはまるのは1～3の対応方法のうちどれでしょうか。チェックマークをつけてください。

	1	2	3
安心感を与える	□	□	□
無条件の愛を示す	□	□	□
愛情を表現する	□	□	□
発達段階に配慮している	□	□	□
子どもの欲求を感知する	□	□	□
子どもの気持ちへの共感を示す	□	□	□

第3章で学んだように、枠組みは赤ちゃんにとって必要がないだけでなく、プラスにもまったくなりません。このことはぜひ覚えておいてください。期待やルールや説明を理解する言語能力も推論能力も、赤ちゃんにはまだないのです。

Step 3　お子さんの考え方・感じ方を考える

この月齢の赤ちゃんは**なぜ**泣くのでしょう？

……………………………………

……………………………………

……………………………………

Step 4　課題を解決する

今度は、赤ちゃんの発達段階に関する観点から、1～3の対応方法をあらためて見直してみましょう。あなたの赤ちゃんの発達段階に配慮しているといえる対応方法にチェックマークをつけてください。

1 食事は抜きだと言う ■……………… □

2 叩く ■……………… □

3 静かな声で話しかけ、おもちゃで注意をそらす ■……………… □

Step 5 ポジティブ・ディシプリンで対応する

ここまで、あなたの子育てにおける長期的な目標や、温かさを与える方法、そしてあなたの赤ちゃんの発達段階について振り返りました。これらを踏まえて、あなたなら１～３のどの対応方法を選びますか？

３番を選んだなら、大正解です！

子どもは、可能な範囲で最高水準の健康を享受し、
栄養価の高い食べものを十分にとる権利をもっています。

国連「子どもの権利条約」第 24 条

note 親の気分

あなたの気分は、お子さんの行動や、その行動へのあなたの対応を左右する、大きな要因となります。疲れやストレスを感じていたり、何かに悩んだり怒ったりしていると、お子さんに対して腹が立ちやすくなります。時として、子どもに八つ当たりしてしまうことがあります。

親の気分の変わり方が子どもにわかりにくい状況では、子どもは不安で心配になります。子どもが同じ行動をとっても、ある日は見て見ぬふりをし、別の日には腹を立てるという調子では、子どもは混乱してしまいます。また、ほかのことが気がかりなせいで子どもを怒ったのでは、子どもは不当な扱いを受けたという怒りを覚えます。さらに親がしょっちゅう怒っていたり不機嫌だったりすると、子どもは危険を感じておびえます。

親の気分は子どもの行動に影響を与えます。親はそのときどきの自身の気分を心得ることが大切です。自分の感情を子どもにぶつけないようにしなければなりません。

親は、生活にまつわるすべてのストレスに対処するエネルギーを補給するためにも、十分な睡眠と、栄養価の高い食べものをたっぷり摂取することが大切です。

もしあなたがしょっちゅう怒ったり、悲しくなったり、悩んだり、ストレスを感じたりするなら、かかりつけ医や、保健師、カウンセラー、あるいは支えになってくれる友だちや家族に相談してください。お子さんに悪い影響を与えない建設的な方法で、あなたが抱える問題を解決することが大切です。

1～2歳

実践トレーニング

［場面設定］

　あなたの家のよちよち歩きさんはとても活発です。家じゅうをかなりのスピードで歩き回ります。そして、行く先々でいろいろなものに触っています。いま、テーブルの上にあったはさみに手を伸ばしたところです。

　あなたは何をすべきでしょうか？　以下にある１～３の対応方法について１つ１つよく検討し、いちばんいいのはどの方法なのか、そしてそれはなぜなのかを考えてみましょう。

1. 危険なものに触ってはいけないと教えるため、両手を叩く

2. 大声で叱って怖がらせ、お子さんがはさみから手を離すようにする

3. はさみをお子さんの手から優しく取り上げ、それが何という名前かを静かに説明し、紙を切るところを見せる。けがをするかもしれないので、安全な場所に片付けておくねと伝える。その後、おもちゃでお子さんの注意をそらす

Step 1 長期的な目標を思い出す

あなたが決めたいくつかの**長期的目標**のうち、この場面に関係する目標はどんなものがありますか？

1～3の中から、あなたの長期的な目標に近づく方法を選び、チェックマークをつけてください。

1 両手を叩く ☐

2 大声で叱る ☐

3 静かに名前を教え、冷静に使い道を示し、けがをするかもしれないと説明し、安全な場所に片付け、注意をそらす ☐

Step 2　温かさと枠組みを意識する

1～3の対応方法を、**温かさ**を与えるという視点から、あらためて見直してみましょう。以下に挙げたのは**温かさ**を与える行為の例ですが、これらに当てはまるのは1～3の対応方法のうちどれでしょうか。チェックマークをつけてください。

	1	2	3
安心感を与える	□	□	□
無条件の愛を示す	□	□	□
愛情を表現する	□	□	□
発達段階に配慮している	□	□	□
子どもの欲求を感知する	□	□	□
子どもの気持ちへの共感を示す	□	□	□

今度は、1～3の対応方法を、**枠組み**を示すという視点からあらためて見直してみましょう。以下に挙げたのは**枠組み**を示す行為の例ですが、これらに当てはまるのは1～3の対応方法のうち、どれでしょうか。チェックマークをつけてください。

	1	2	3
子どもの行動のあり方について はっきりした方向性を示す	□	□	□
子どもへの期待をはっきり言葉で伝える	□	□	□
はっきり説明する	□	□	□
子どもの学びを助ける	□	□	□
子どもが自分の頭で 考えるように後押しする	□	□	□
人との衝突を解決する技術を教える	□	□	□

この年齢になると、子どもは枠組みから学ぶことができるようになります。自分で言える以上の言葉を理解し、説明を通じて学べるようになるのです。ただ覚えておいてほしいのは、子どもが知るべきすべてを学ぶには時間がかかるということです。そして、学ぶためにはまだ、主としてものを触ってみる必要があることも忘れないでください。

Step 3　お子さんの考え方・感じ方を考える

この年頃の子どもは**なぜ**危険なものに触るのでしょう？

....

....

....

Step 4　課題を解決する

今度は、子どもの発達段階に関する観点から、1～3の対応方法をあらためて見直してみましょう。あなたのお子さんの発達段階に配慮しているといえる対応方法にチェックマークをつけてください。

1 両手を叩く ■·· □

2 大声で叱る ■·· □

3 静かに名前を教え、冷静に使い道を示し、けがをするかもしれないと説明し、安全な場所に片付け、注意をそらす ■························ □

Step 5　ポジティブ・ディシプリンで対応する

ここまで、あなたの子育てにおける長期的な目標や、温かさ・枠組みを与える方法、そしてあなたのお子さんの発達段階について振り返りました。これらを踏まえて、あなたなら１～３のどの対応方法を選びますか？

３番を選んだなら、大正解です！

note 子どもの目線で確かめること

小さな子どもには探検が必要です。子どもは探検によって学ぶのです。子どもの脳の発達に、探検は絶対必要なことです。

しかし、親は子どもの安全を守らなければなりません。

そのためにいちばんいい方法は、家の中を「子どもの目線で確かめる」ことです。家じゅうを這って回り、お子さんの目の高さからあたりを見回してください。

危険なものはどこにあるでしょうか？　とがったもの、毒になるもの、壊れやすいものを探してみましょう。そういったものは高いところ、または鍵のかかる棚にしまいましょう。

電気のコンセントにはカバーを付けましょう。

包丁や工具は鍵をかけてしまっておきましょう。

薬も鍵をかけてしまっておきましょう。

鍋の取っ手はコンロの内側に向けましょう。

重いものは引っ張り下ろせないようにしましょう。

ご自宅を、安全に探検できる場所にするよう、心がけてください。

実践トレーニング

［場面設定］

あるとき、お子さんがまた家の中を歩き回っていると、テーブルの上にお碗があるのが目に入りました。たまたまそれは、あなたが気に入っている手作りのお碗でした。お子さんはこのお碗を目にして、手を伸ばし、それを床に落としました。お碗は割れてしまいました。

あなたは何をすべきでしょうか？　以下にある１～３の対応方法について１つ１つよく検討し、いちばんいいのはどの方法なのか、そしてそれはなぜなのかを考えてみましょう。

1 お子さんのしたことでどれだけショックを受けたかを示すために怒鳴り、お子さんを自分の部屋へ行かせる

2 あなたのものを触ってはいけないと教えるため、お尻を叩く

3 悲しんでいるあなたの顔を見せ、このお碗は自分にとってとても大切なものだったから、割れてしまってとても悲しいということを説明する。後片付けを一緒にする。元どおりに直せないか試してみて、お子さんにも手伝ってもらう。壊れてしまったら、二度と直せないものもあるのだと説明する。あなたの大切なものはすべて、お子さんの手の届かない安全な場所にしまう。お子さんと一緒に腰を下ろして、ものにそっと触れる方法を教える。割れないもので練習できるようにする

Step 1　長期的な目標を思い出す

あなたが決めたいくつかの**長期的目標**のうち、この場面に関係する目標はどんなものがありますか？

1～3の中から、あなたの長期的な目標に近づく方法を選び、チェックマークをつけてください。

1. 怒鳴って自分の部屋へ行かせる　□
2. お尻を叩く　□
3. あなたの気持ちを説明し、片付け方を教え、直し方を示し、「壊れる」ことの意味を説明し、あなたの大切なものを安全な場所に入れ、ものをそっと取り扱う方法を教える　□

Step 2　温かさと枠組みを意識する

1～3の対応方法を、**温かさ**を与えるという視点から、あらためて見直してみましょう。以下に挙げたのは**温かさ**を与える行為の例ですが、これらに当てはまるのは1～3の対応方法のうちどれでしょうか。チェックマークをつけてください。

	1	2	3
安心感を与える	□	□	□
無条件の愛を示す	□	□	□
愛情を表現する	□	□	□
発達段階に配慮している	□	□	□
子どもの欲求を感知する	□	□	□
子どもの気持ちへの共感を示す	□	□	□

今度は、1～3の対応方法を、**枠組み**を示すという視点からあらためて見直してみましょう。以下に挙げたのは**枠組み**を示す行為の例ですが、これらに当てはまるのは1～3の対応方法のうち、どれでしょうか。チェックマークをつけてください。

	1	2	3
子どもの行動のあり方について はっきりした方向性を示す	□	□	□
子どもへの期待をはっきり言葉で伝える	□	□	□
はっきり説明する	□	□	□
子どもの学びを助ける	□	□	□
子どもが自分の頭で 考えるように後押しする	□	□	□
人との衝突を解決する技術を教える	□	□	□

この年齢になると、子どもは枠組みから学ぶことができるようになります。自分で言える以上の言葉を理解し、説明を通じて学べるようになるのです。ただ覚えておいてほしいのは、子どもが知るべきすべてを学ぶには時間がかかるということです。そして、学ぶためにはまだ、主としてものを触ってみる必要があることも忘れないでください。

Step 3　お子さんの考え方・感じ方を考える

この年頃の子どもは**なぜ**大事なものに触るのでしょう？

Step 4　課題を解決する

今度は、子どもの発達段階に関する観点から、1～3の対応方法をあらためて見直してみましょう。あなたのお子さんの発達段階に配慮しているといえる対応方法にチェックマークをつけてください

1 怒鳴って自分の部屋へ行かせる ■……………… □

2 お尻を叩く■……………… □

3 あなたの気持ちを説明し、片付け方を教え、直し方を示し、「壊れる」ことの意味を説明し、あなたの大切なものを安全な場所に入れ、ものをそっと取り扱う方法を教える■……………… □

Step 5　ポジティブ・ディシプリンで対応する

ここまで、あなたの子育てにおける長期的な目標や、温かさ・枠組みを与える方法、そしてあなたのお子さんの発達段階について振り返りました。これらを踏まえて、あなたなら１～３のどの対応方法を選びますか？

３番を選んだなら、大正解です！

> 子どもは、あらゆる形の身体的・精神的暴力から守られる権利をもっています。
>
> 国連「子どもの権利条約」第19条

note 親の怒り

この年頃の子どもとの生活は、いらだったり、ひやっとしたりすることの連続です。ときには、あなたのこういった気持ちが怒りに発展するでしょう。

子どもがわざと「お行儀悪く」していると思うと、私たちは怒りを感じます。子どもは自分の行動をコントロールできる、そして私たちを怒らせようとしていると思うと、私たちは腹を立ててしまいがちです。

でも、この年頃の子どもは私たちの気持ちを理解できません。何をすれば私たちが怒り、何をすれば怒らないか、子どもにはわかりません。いま、そういったことすべてを、日々理解しようとしているところなのです。私たちが怒ると、子どもはおびえます。怒りは子どもが望んでいる反応ではないのです。

子どもがこの年頃のときは、親の忍耐がとても大切です。腹が立ったときの振る舞い方を、子どもは私たちから学ぶでしょう。

怒りを抑え、ポジティブ･ディシプリンで対応するには、親が自らを律することが必要です。ときには、深呼吸をしたり、散歩に出かけたり、気持ちがしずまるまで部屋を離れたりするといいかもしれません。

子どもの学びのスピードは緩やかです。私たちが教えようとしていることを十分理解するには、時間がかかるでしょう。でも、子どもが理解することこそ、私たちの長期的目標を達成する鍵なのです。

怒りを抑えるヒント

1 何か言ったり行動したりする前に、1から10まで数えましょう。それでもまだ怒りを感じるなら、歩いてその場を離れ、気持ちがしずまるまで待ちましょう。

2 両肩をすとんと落とし、深呼吸をして、気持ちをしずめる言葉——たとえば、「冷静に」や「落ち着いて」など——を自分に繰り返し言い聞かせましょう。

3 両手を後ろに回し、自分に待てと命じましょう。気持ちがしずまるまで、口を開いてはいけません。

4 散歩に出かけ、起きた出来事について考えてみましょう。なぜお子さんがそんな振る舞いをするのか、考えましょう。お子さんの視点で見てみるのです。そのうえで、お子さんの視点に配慮し、それでいてあなたの怒りの理由をしっかり説明できるような対応方法を練りましょう。

5 静かな場所へ行き、ポジティブ・ディシプリンの４つのステップをひととおり実践します。自分の長期的な目標にかない、温かさと枠組みを与え、お子さんの考え方・感じ方を心得た対応方法が練れたら、お子さんのもとに戻りましょう。

6 このとき起きた出来事は、１つのチャンスです。コミュニケーションと建設的な問題解決法を通して人との衝突を乗り越える方法を、お子さんに教えられるのです。そのことをぜひ、忘れないでください。

あなたの感じる怒りは、あなたとお子さんがお互いの視点を理解し合えていないという合図であることが多いものです。怒りという感情は「いまこそ、コミュニケーションを立て直さなければならないときですよ」と教えてくれているのです。

怒りにまかせて暴言を吐いたり、お子さんをやり込めたり、怒鳴ったり、ぶったりしてはいけません。決して仕返しをしようとしたり、恨みをもったりしないでください。

いちばん大切な学びの機会は、きわめて厳しい場面で訪れるということを私たちは忘れてはいけません。「こういう人になってほしい」とお子さんに望むような姿をあなた自身が見せる機会を、決して逃さないようにしてください。

実践トレーニング

［場面設定］

雨が降っています。あなたは、予約の時間までに病院へお子さんを連れていかなければなりません。乗る予定のバスが、もうすぐやって来ます。あなたはお子さんにコートを着せようとしますが、お子さんはいやがり、「やだ！」と言って逃げました。

あなたは何をすべきでしょうか？　以下にある１～３の対応方法について１つ１つよく検討し、いちばんいいのはどの方法なのか、そしてそれはなぜなのかを考えてみましょう。

1. お子さんをつかまえて、あなたの権威に逆らってはいけないと教えるため、叩く

2. 罰を与えるため、お子さんのお気に入りのおもちゃを取り上げる

3. 外は雨が降っていると説明する。お子さんを玄関まで連れていき、雨を見せる。自分の手を外に差し出して、「濡れる」とはどういうことかを教える。濡れないように、傘をさして歩いてもいいよと言う

Step 1　長期的な目標を思い出す

あなたが決めたいくつかの**長期的目標**のうち、この場面に関係する目標はどんなものがありますか？

1～3の中から、あなたの長期的な目標に近づく方法を選び、チェックマークをつけてください。

1 つかまえて叩く ■…… □

2 お気に入りのおもちゃを取り上げる ■…… □

3 雨が何かを説明し、濡れないように傘をさして歩いてもいいよと言う ■…… □

Step 2 温かさと枠組みを意識する

1～3の対応方法を、**温かさ**を与えるという視点から、あらためて見直してみましょう。以下に挙げたのは**温かさ**を与える行為の例ですが、これらに当てはまるのは1～3の対応方法のうちどれでしょうか。チェックマークをつけてください。

	1	2	3
安心感を与える	□	□	□
無条件の愛を示す	□	□	□
愛情を表現する	□	□	□
発達段階に配慮している	□	□	□
子どもの欲求を感知する	□	□	□
子どもの気持ちへの共感を示す	□	□	□

今度は、1～3の対応方法を、**枠組み**を示すという視点からあらためて見直してみましょう。以下に挙げたのは**枠組み**を示す行為の例ですが、これらに当てはまるのは1～3の対応方法のうち、どれでしょうか。チェックマークをつけてください。

	1	2	3
子どもの行動のあり方について はっきりした方向性を示す	□	□	□
子どもへの期待をはっきり言葉で伝える	□	□	□
はっきり説明する	□	□	□
子どもの学びを助ける	□	□	□
子どもが自分の頭で 考えるように後押しする	□	□	□
人との衝突を解決する技術を教える	□	□	□

Step 3　お子さんの考え方・感じ方を考える

この年頃の子どもは**なぜ**私たちがしてほしいことを拒むときがあるのでしょう？

Step 4　課題を解決する

今度は、子どもの発達段階に関する観点から、1～3の対応方法をあらためて見直してみましょう。あなたのお子さんの発達段階に配慮しているといえる対応方法にチェックマークをつけてください。

1 つかまえて叩く ■…… □

2 お気に入りのおもちゃを取り上げる ■…… □

3 雨が何かを説明し、濡れないように傘をさして歩いてもいいよと言う ■…… □

Step 5 ポジティブ・ディシプリンで対応する

ここまで、あなたの子育てにおける長期的な目標や、温かさ・枠組みを与える方法、そしてあなたのお子さんの発達段階について振り返りました。これらを踏まえて、あなたなら１～３のどの対応方法を選びますか？

３番を選んだなら、大正解です！

note

1～2歳児に訪れる「いやだいやだ」の時期

あなたがしてほしいことをこの年頃の子どもが拒絶するのは、まったくもって自然なことです。お子さんが拒絶するのは、あなたを怒らせたり逆らったりするためではありません。それはひとりの人間として、自分でものごとを決めるちからを試したいからなのです。

ときには、きちんと説明したにもかかわらず、やはりあなたの頼みを聞き入れないこともあるでしょう。これはお子さんが自分で選択を行ないたいからです。

この時期、お子さんが自分でものごとを決める練習を上手に進めるために、選択肢を提示すると効果的かもしれません。「緑のコートと黄色のコート、どっちがいい？」とか、「歩きたい？　それとも抱っこがいい？」などという具合です。お子さんがいずれか１つを選べば、あなたの短期的な目標も達成されます。

ただ選択肢は、必ずあなたが受け入れられるものでなければなりません。もしどこかに行かなければならないなら、「行きたい？　それとも家にいたい？」とは言わないことです。お子さんが家にいる方を選んだのに、結局は行かなければならないなら、お子さんは自分が何を選択しても意味がない、あなたがくれた選択肢は見せかけにすぎなかった、ということを学んでしまうでしょう。

また、脅しもやはり選択肢になりません。「コートを着なさい。そうでなきゃ叩くからね（あるいはひとりで家に置いていくからね、二度と一緒に連れていかないからね）」と言うのは、選択肢というより、脅しです。脅してしまったら、お子さんの中に恐怖心が生まれるだけです。それに、親自身をも追いつめることになります。もしお子さんがコートを着るのを拒んだなら、あなたは脅しを実行しなければならないような気になるでしょう。そうなってしまっては、状況がただ悪化するだけです。

2～3歳

実践トレーニング

［場面設定］

お子さんが、夜、寝るのをいやがるようになりました。あなたがそばを離れると、大泣きします。就寝時間は、毎晩の親子げんかの時間になってきています。あなたは寝るのをいやがるお子さんに怒りを覚えつつあります。

あなたは何をすべきでしょうか？　以下にある１～３の対応方法について１つ１つよく検討し、いちばんいいのはどの方法なのか、そしてそれはなぜなのかを考えてみましょう。

1 お子さんを子ども部屋に入れ、ドアを閉めて立ち去る

2 悪い子ね、眠らないとお化けがつかまえにくるよと、お子さんに言う

3 お子さんをリラックスさせるため、寝る前に温かいお風呂に入れる。そして、さあ寝る時間だよ、明日、動き回る元気をたくわえるために寝なくちゃねと言う。眠りに落ちるまでそばにいるからと伝える。お子さんのベッドに座り、お子さんが眠くなるまで読み聞かせをする。眠りに落ちるまで歌を歌う。薄暗い明かりをつけたままにしておく

Step 1　長期的な目標を思い出す

あなたが決めたいくつかの**長期的目標**のうち、この場面に関係する目標はどんなものがありますか？

1〜3の中から、あなたの長期的な目標に近づく方法を選び、チェックマークをつけてください。

1 お子さんをひとりで子ども部屋に残していく ☐

2 悪い子ね、お化けがつかまえにくるよと言う ☐

3 お風呂に入れ、就寝時間について説明し、読み聞かせをしたり歌を歌ったりし、明かりをつけておく ☐

Step 2　温かさと枠組みを意識する

1～3の対応方法を、**温かさ**を与えるという視点から、あらためて見直してみましょう。以下に挙げたのは**温かさ**を与える行為の例ですが、これらに当てはまるのは1～3の対応方法のうちどれでしょうか。チェックマークをつけてください。

	1	2	3
安心感を与える	☐	☐	☐
無条件の愛を示す	☐	☐	☐
愛情を表現する	☐	☐	☐
発達段階に配慮している	☐	☐	☐
子どもの欲求を感知する	☐	☐	☐
子どもの気持ちへの共感を示す	☐	☐	☐

今度は、1～3の対応方法を、**枠組み**を示すという視点からあらためて見直してみましょう。以下に挙げたのは**枠組み**を示す行為の例ですが、これらに当てはまるのは1～3の対応方法のうち、どれでしょうか。チェックマークをつけてください。

	1	2	3
子どもの行動のあり方について はっきりした方向性を示す	□	□	□
子どもへの期待をはっきり言葉で伝える	□	□	□
はっきり説明する	□	□	□
子どもの学びを助ける	□	□	□
子どもが自分の頭で 考えるように後押しする	□	□	□
人との衝突を解決する技術を教える	□	□	□

Step 3 お子さんの考え方・感じ方を考える

なぜ幼い子どもの多くが寝るのをいやがるのでしょう？

Step 4 課題を解決する

今度は、子どもの発達段階に関する観点から、1～3の対応方法をあらためて見直してみましょう。あなたのお子さんの発達段階に配慮しているといえる対応方法にチェックマークをつけてください。

[1] お子さんをひとりで子ども部屋に残していく ☐

[2] 悪い子ね、お化けがつかまえにくるよと言う ☐

[3] お風呂に入れ、就寝時間について説明し、読み聞かせをしたり歌を歌ったりし、明かりをつけておく ☐

Step 5　ポジティブ・ディシプリンで対応する

ここまで、あなたの子育てにおける長期的な目標や、温かさ・枠組みを与える方法、そしてあなたのお子さんの発達段階について振り返りました。これらを踏まえて、あなたなら１～３のどの対応方法を選びますか？

３番を選んだなら、大正解です！

note 子どもが怖がるとき

幼い子どもが何かを怖がっているとき、そんなものは実在しないよと言って聞かせるのは至難の業です。幼い子どもはまだ、現実と空想の違いを理解していません。お子さんのベッドの下やクローゼットの中を見てみて、何もいないと確認するのがいちばん安心できる方法だったりします。そうしたうえで、大丈夫だよと言い、一緒にいてあげれば、お子さんはリラックスし、自分は安全だと感じて安心して眠りにつくことができます。

大人だって、ほとんどの人は暗闇でひとりきりにはなりたくないものです。そのことを思い出してください。恐怖は、危険を感じたときに起きる、人間の自然な反応です。大人もやはり暗闇にひとりでいると、想像力が暴走してしまうことがあります。自分自身の恐怖を承知しておけば、わが子の恐怖をもっと理解しやすくなります。

なかには、子どもは親と同じ部屋で寝る文化圏もあります。この距離の近さにより、夜、子どもは安心して、守られているのを感じることができるようになります。

一方、親子が違う部屋で寝る文化圏もあります。こういったところでは、子どもが安心し、守られていると感じることができるよう、親は特別な努力をしなければなりません。

親が同じ部屋で眠ることは、睡眠中の６カ月未満の乳児の安全を高めることがわかっています。また、子どもの欲求に即座に対応することができるようになります。しかし、この月齢の乳児と同じベッドの上や布団の中で寝ることにより起こり得る、転落・思わぬ事故・添い寝による乳児の窒息死などの危険性については、十分に注意を払う必要があります。

実践トレーニング

[場面設定]

あなたのお子さんはボール遊びが大好きです。ボールをついたり、コロコロ転がしたり、上に座ったり、投げたりするのが楽しくてしかたありません。ある日、近くの店に行ったとき、大きい真っ赤なボールがお子さんの目に飛び込んできました。お子さんは歓声を上げ、ボールに飛びつくと、棚から下ろし、それを持って走っていきました。でも、いまのあなたの所持金では、ボールを買うことはできません。そこでお子さんを追いかけ、ボールを元の棚に戻すように言いましたが、お子さんは泣いてかんしゃくを起こしはじめました。

あなたは何をすべきでしょうか？　以下にある１～３の対応方法について１つ１つよく検討し、いちばんいいのはどの方法なのか、そしてそれはなぜなのかを考えてみましょう。

1. 行儀というものを教えるため、叩く
2. そんなことをすると、誰も好きになってくれないよと言う
3. お子さんが大のボール好きであること、そしてこれがとてもすてきなボールであることは承知していると説明する。でも、これを買うお金がないということを伝える。お子さんの悲しさと不満はわかると言う。お子さんの機嫌が直るまで、２人とも外に出なければならないと説明する。お子さんを外へ連れ出し、落ち着くまでそばにいる。悲しいという気持ちや不満なときの気持ちについて、お子さんと話をする。お金がなければ、ものを買うことはできないと説明する。そしてお子さんの注意をそらし、最初に予定していた買い物を続ける

Step 1　長期的な目標を思い出す

あなたが決めたいくつかの**長期的目標**のうち、この場面に関係する目標はどんなものがありますか？

………………………………………………………

………………………………………………………

………………………………………………………

………………………………………………………

………………………………………………………

1～3の中から、あなたの長期的な目標に近づく方法を選び、チェックマークをつけてください。

1 叩く ■……………………………………… □

2 誰も好きになってくれないよと言う ■……………… □

3 お子さんの気持ちを理解し、なぜボールを自分のものにできないかを伝え、お子さんの気持ちを言葉で表し、お子さんをその場から離し、そばにいて、注意をそらし、予定の買い物に戻る ■……………… □

Step 2　温かさと枠組みを意識する

1～3の対応方法を、**温かさ**を与えるという視点から、あらためて見直してみましょう。以下に挙げたのは**温かさ**を与える行為の例ですが、これらに当てはまるのは1～3の対応方法のうちどれでしょうか。チェックマークをつけてください。

	1	2	3
安心感を与える	□	□	□
無条件の愛を示す	□	□	□
愛情を表現する	□	□	□
発達段階に配慮している	□	□	□
子どもの欲求を感知する	□	□	□
子どもの気持ちへの共感を示す	□	□	□

今度は、１～３の対応方法を、**枠組み**を示すという視点からあらためて見直してみましょう。以下に挙げたのは**枠組み**を示す行為の例ですが、これらに当てはまるのは１～３の対応方法のうち、どれでしょうか。チェックマークをつけてください。

	1	2	3
子どもの行動のあり方についてはっきりした方向性を示す	□	□	□
子どもへの期待をはっきり言葉で伝える	□	□	□
はっきり説明する	□	□	□
子どもの学びを助ける	□	□	□
子どもが自分の頭で考えるように後押しする	□	□	□
人との衝突を解決する技術を教える	□	□	□

Step 3 お子さんの考え方・感じ方を考える

幼い子どもは**なぜ**かんしゃくを起こすのでしょう？

Step 4 課題を解決する

今度は、子どもの発達段階に関する観点から、1～3の対応方法をあらためて見直してみましょう。あなたのお子さんの発達段階に配慮しているといえる対応方法にチェックマークをつけてください。

1 叩く ☐

2 誰も好きになってくれないよと言う ☐

3 お子さんの気持ちを理解し、なぜボールを自分のものにできないかを伝え、お子さんの気持ちを言葉で表し、お子さんをその場から離し、そばにいて、注意をそらし、予定の買い物に戻る ☐

Step 5　ポジティブ・ディシプリンで対応する

ここまで、あなたの子育てにおける長期的な目標や、温かさ・枠組みを与える方法、そしてあなたのお子さんの発達段階について振り返りました。これらを踏まえて、あなたなら１～３のどの対応方法を選びますか？

３番を選んだなら、大正解です！

note 子どものかんしゃくについて

子どもがかんしゃくを起こすと、親は腹を立てることがあります。それは親自身がばつの悪い思いをするからか、あるいは子どもの行動を自分がコントロールしなければならないと考えているからです。

忘れないでほしいのは、人の目などより、あなたとお子さんの関係の方がずっと大切だということです。お子さんが公の場でかんしゃくを起こしても、あなたは長期的な目標のことや、お子さんに温かさと枠組みを与えることに考えを集中させてください。ほかの人がどう思うかは気にしないように、極力、努めてください。

もう１つ忘れないでほしいのは、かんしゃくをしずめようとするのは、嵐をしずめようとするようなものだということです。しょせん、無理なのです。子どもがかんしゃくを起こすのは、私たちが「だめ」と言っている理由がわからないうえ、不満に対処する術を知らないからです。かんしゃくは、自分はものすごく不満だというお子さんの訴えなのです。こんなときにお子さんを怒鳴ったり叩いたりすれば、お子さんはもっと不満を感じるだけでしょう。それに、おびえもするでしょうし、わかってもらえなかったとも感じるでしょう。

最善の策は、かんしゃくがおさまるのを待つことです。お子さんが嵐に襲われている間、安心感を覚えるよう、そばにいてあげてください。お子さんを優しく抱くことも、気持ちをしずめるのに役立つ場合があります。

かんしゃくがおさまったら、お子さんと一緒に腰を下ろし、いま起きた出来事について話をしましょう。この機会をとらえて、気持ち（感情）とは何なのか、自分の感情がいかに強烈になりうるか、そして私たちが感じる気持ちには名前があることを教えてください。また、あなたが「だめ」と言ったわけを説明し、お子さんが不満を感じた理由は理解できると話しましょう。あなた自身が強い不満を感じたとき、どうやって気持ちをしずめるか、その方法をお子さんに教えてください。それから、必ず伝えてほしいのは、お子さんが上機嫌でいようと、悲しんでいようと、怒っていようと、あなたはお子さんが大好きだということです。それがすんでから、次の行動に移りましょう。

3～5歳

実践トレーニング

［場面設定］

お子さんがキッチンの食器棚を開け、中のものをすべて取り出し、積み上げて、倒しました。食器の一部は落ちて割れました。

あなたは何をすべきでしょうか？　以下にある１～３の対応方法について１つ１つよく検討し、いちばんいいのはどの方法なのか、そしてそれはなぜなのかを考えてみましょう。

1. 罰を与えるため、おもちゃを取り上げる
2. いたずらをしたという理由で、叩く
3. お子さんと一緒に食器をしまう。割れたものは、一緒に直そうとしてみる。落ちたら割れてしまうものがあるのだと説明し、自分はそんなことが起きたらいやだと言う。いじって遊んでもいいような、割れる恐れのないものをお子さんに見せる。キッチンの中の配置を変え、割れるものを手の届かないところに置く。割れない安全なものを低い棚にしまう

Step 1　長期的な目標を思い出す

あなたが決めたいくつかの**長期的目標**のうち、この場面に関係する目標はどんなものがありますか？

1～3の中から、あなたの長期的な目標に近づく方法を選び、チェックマークをつけてください。

1 おもちゃを取り上げる ■ □

2 叩く ■ □

3 割れたものを一緒に直そうとし、割れることについて説明し、かわりのものを与え、割れるものをしまい込み、割れないものを取りやすくしておく ■ □

Step 2　温かさと枠組みを意識する

1〜3の対応方法を、**温かさ**を与えるという視点から、あらためて見直してみましょう。以下に挙げたのは**温かさ**を与える行為の例ですが、これらに当てはまるのは1〜3の対応方法のうちどれでしょうか。チェックマークをつけてください。

	1	2	3
安心感を与える	□	□	□
無条件の愛を示す	□	□	□
愛情を表現する	□	□	□
発達段階に配慮している	□	□	□
子どもの欲求を感知する	□	□	□
子どもの気持ちへの共感を示す	□	□	□

今度は、1～3の対応方法を、**枠組み**を示すという視点からあらためて見直してみましょう。以下に挙げたのは**枠組み**を示す行為の例ですが、これらに当てはまるのは1～3の対応方法のうち、どれでしょうか。チェックマークをつけてください。

	1	2	3
子どもの行動のあり方について はっきりした方向性を示す	□	□	□
子どもへの期待をはっきり言葉で伝える	□	□	□
はっきり説明する	□	□	□
子どもの学びを助ける	□	□	□
子どもが自分の頭で 考えるように後押しする	□	□	□
人との衝突を解決する技術を教える	□	□	□

Step 3　お子さんの考え方・感じ方を考える

幼い子どもは**なぜ**あなたのもので遊びたがるのでしょう？

....

....

....

Step 4　課題を解決する

今度は、子どもの発達段階に関する観点から、1～3の対応方法をあらためて見直してみましょう。あなたのお子さんの発達段階に配慮しているといえる対応方法にチェックマークをつけてください。

1 おもちゃを取り上げる ☐

2 叩く ☐

3 割れたものを一緒に直そうとし、割れることについて説明し、かわりのものを与え、割れるものをしまい込み、割れないものを取りやすくしておく ☐

Step 5　ポジティブ・ディシプリンで対応する

ここまで、あなたの子育てにおける長期的な目標や、温かさ・枠組みを与える方法、そしてあなたのお子さんの発達段階について振り返りました。これらを踏まえて、あなたなら１～３のどの対応方法を選びますか？

３番を選んだなら、大正解です！

note 手やベルトで叩くこと

親は、子どもの手やお尻を素手で叩いたり、体をベルトで叩いたりすることで、子どもに大切な教訓を与えられると思う場合があります。でも実は、そういった体や心を傷つける可能性のあるしつけから子どもが学ぶのは、以下のような事柄なのです。

- 大切なことを伝えるためには、「ぶつ」というコミュニケーション方法を使える
- ぶつことは、怒りを感じたときの反応として許される
- 自分を守ってくれると信頼している相手は、自分を痛い目に遭わせることがある
- 親は恐れるべき対象であって、手助けや指導を期待してはいけない
- 自分の家は安全に学んだり探検したりできない場所だ

私たちは、わが子に長期的に教えていきたい事柄を考える必要があります。子どもに暴力を使わないように教えたいなら、どうすれば暴力を使わないでいられるかを示さなければなりません。危険に遭わないようにする方法を教えたいなら、その方法を説明し、見せる必要があるのです。

もし大人が叩かれたら、その人がどんな影響を被《こうむ》るかを考えてみてください。私たちは、叩かれたら屈辱感を覚えます。叩いた人間を喜ばせようという気は起きません。むしろ、敵意や恐怖を感じます。仕返ししたいとさえ思うかもしれません。

子どもを叩けば、あなたとの関係に悪影響を及ぼします。叩いても、子ども自身が意思を決めるために必要な情報を与えることにはなりません。それに、私たちへの敬意を強めることにもならないのです。

実践トレーニング

[場面設定]

あなたは仕事に出かけるため、支度をしています。お子さんはお気に入りのおもちゃで静かに遊んでいます。あなたは支度が終わり、さあ出かける時間だよとお子さんに言いましたが、お子さんは遊ぶのをやめません。もう一度、同じことを言いましたが、やはりお子さんは遊びつづけています。

あなたは何をすべきでしょうか？　以下にある1～3の対応方法について1つ1つよく検討し、いちばんいいのはどの方法なのか、そしてそれはなぜなのかを考えてみましょう。

1 いますぐ来なければ、置いていくよと言う

2 お子さんをつかまえて、ドアから外へ引っ張り出す

3 行き先と、行かなければならない理由を伝える。5分後に鳴るようにタイマーをセットする。タイマーが鳴ったら家を出なきゃならないから、もう遊びを終わらせた方がいいよと話す。帰ってきたら、また遊びの続きができるからねと言って安心させる。残り2分になったらお子さんに知らせ、あなたとお子さんとどちらが早くコートを着て靴をはけるか、競争しようと言う

Step 1　長期的な目標を思い出す

あなたが決めたいくつかの**長期的目標**のうち、この場面に関係する目標はどんなものがありますか？

....

....

....

....

....

１～３の中から、あなたの長期的な目標に近づく方法を選び、チェックマークをつけてください。

1 置いていくよと脅かす ■.. □

2 お子さんを外へ引っ張り出す ■.. □

3 行く場所と理由を知らせ、タイマーをセットし、次の行動に移る準備の時間を与え、お子さんがしていることを尊重する気持ちを伝え、出かけるのが楽しくなるように工夫する ■.................. □

Step 2　温かさと枠組みを意識する

1～3の対応方法を、**温かさ**を与えるという視点から、あらためて見直してみましょう。以下に挙げたのは**温かさ**を与える行為の例ですが、これらに当てはまるのは1～3の対応方法のうちどれでしょうか。チェックマークをつけてください。

	1	2	3
安心感を与える	□	□	□
無条件の愛を示す	□	□	□
愛情を表現する	□	□	□
発達段階に配慮している	□	□	□
子どもの欲求を感知する	□	□	□
子どもの気持ちへの共感を示す	□	□	□

今度は、1～3の対応方法を、**枠組み**を示すという視点からあらためて見直してみましょう。以下に挙げたのは**枠組み**を示す行為の例ですが、これらに当てはまるのは1～3の対応方法のうち、どれでしょうか。チェックマークをつけてください。

	1	2	3
子どもの行動のあり方について はっきりした方向性を示す	□	□	□
子どもへの期待をはっきり言葉で伝える	□	□	□
はっきり説明する	□	□	□
子どもの学びを助ける	□	□	□
子どもが自分の頭で 考えるように後押しする	□	□	□
人との衝突を解決する技術を教える	□	□	□

Step 3 お子さんの考え方・感じ方を考える

幼い子どもは**なぜ**遊びをやめたがらないのでしょう？

Step 4 課題を解決する

今度は、子どもの発達段階に関する観点から、1～3の対応方法をあらためて見直してみましょう。あなたのお子さんの発達段階に配慮しているといえる対応方法にチェックマークをつけてください。

1 置いていくよと脅かす ☐

2 お子さんを外へ引っ張り出す ☐

3 行く場所と理由を知らせ、タイマーをセットし、次の行動に移る準備の時間を与え、お子さんがしていることを尊重する気持ちを伝え、出かけるのが楽しくなるように工夫する ☐

Step 5　ポジティブ・ディシプリンで対応する

ここまで、あなたの子育てにおける長期的な目標や、温かさ・枠組みを与える方法、そしてあなたのお子さんの発達段階について振り返りました。これらを踏まえて、あなたなら１～３のどの対応方法を選びますか？

３番を選んだなら、大正解です！

note 子どもが遊びをやめ、違う行動に移るということ

幼い子どもが、ある行動から別の行動になかなか移行できないのは、よくあることです。移行は子どもにとってストレスになります。いまやっていることの続きを後でまたできるのかどうかわかりませんし、これから何が起きるのかも知りません。もっと経験が増えれば、もっと上手に移行できるようになります。

お子さんに心の準備をさせれば、移行がしやすくなります。予定を前もってお子さんに知らせましょう。もうすぐ出発するということと、どこへ行くかということを、移行の 10 分前に、もう一度伝えます。後でまた戻ってくる予定なら、そう言ってお子さんが安心できるようにしてください。そして、それから 5 分後に同じことをもう一度伝えます。出発の準備を始めるのを手伝ってあげてください。

移行を、たとえば競争などのゲームにすると、あなたもお子さんも楽になるはずです。2 人で帽子を後ろ前にかぶるなどの方法で、お子さんの注意をいまやっていることからそらしましょう。楽しければ、次の行動に移る難しさがかなり減るはずです。

実践トレーニング

［場面設定］

あなたはとても疲れていますが、夕食の準備をしています。メニューはもうすべて決めてあって、下ごしらえした食材をこれから混ぜるところです。そのときお子さんが、「お手伝いをする」と言いました。あなたはとにかく自分で作ってしまいたいと思い、やんわりと断りました。でも、お子さんは手伝うと言って聞きません。

あなたは何をすべきでしょうか？　以下にある１～３の対応方法について１つ１つよく検討し、いちばんいいのはどの方法なのか、そしてそれはなぜなのかを考えてみましょう。

1 お子さんに、「まだ小さいからお手伝いは無理よ。散らかして、お片付けが大変になるだけでしょ」と言う

2 そんなふうに言い張ると料理の邪魔だし、態度も聞き分けも悪いと言う

3 いま作っているものと、食材の名前を説明する。お子さんの小さな手でできる作業を選び、やり方を教える。それから、その作業をお子さんに頼み、必要なら手助けをする。手伝ってくれたことに感謝する。お子さんがもっと手伝いたがったら、同じ手順を繰り返す

Step 1　長期的な目標を思い出す

あなたが決めたいくつかの**長期的目標**のうち、この場面に関係する目標はどんなものがありますか？

1～3の中から、あなたの長期的な目標に近づく方法を選び、チェックマークをつけてください。

1 まだ小さいからお手伝いは無理だと言う ■………… □

2 態度が悪いと言う ■………… □

3 あなたがしていることを説明し、やり方を教え、うまくできるように気遣い、努力を手助けし、感謝する ■………… □

Step 2 温かさと枠組みを意識する

1〜3の対応方法を、**温かさ**を与えるという視点から、あらためて見直してみましょう。以下に挙げたのは**温かさ**を与える行為の例ですが、これらに当てはまるのは1〜3の対応方法のうちどれでしょうか。チェックマークをつけてください。

	1	2	3
安心感を与える	□	□	□
無条件の愛を示す	□	□	□
愛情を表現する	□	□	□
発達段階に配慮している	□	□	□
子どもの欲求を感知する	□	□	□
子どもの気持ちへの共感を示す	□	□	□

今度は、1～3の対応方法を、**枠組み**を示すという視点からあらためて見直してみましょう。以下に挙げたのは**枠組み**を示す行為の例ですが、これらに当てはまるのは1～3の対応方法のうち、どれでしょうか。チェックマークをつけてください。

	1	2	3
子どもの行動のあり方について はっきりした方向性を示す	□	□	□
子どもへの期待をはっきり言葉で伝える	□	□	□
はっきり説明する	□	□	□
子どもの学びを助ける	□	□	□
子どもが自分の頭で 考えるように後押しする	□	□	□
人との衝突を解決する技術を教える	□	□	□

Step 3　お子さんの考え方・感じ方を考える

幼い子どもは**なぜ**お手伝いをしたがるのでしょう？

Step 4　課題を解決する

今度は、子どもの発達段階に関する観点から、1～3の対応方法をあらためて見直してみましょう。あなたのお子さんの発達段階に配慮しているといえる対応方法にチェックマークをつけてください。

1　まだ小さいからお手伝いは無理だと言う ■……………… □

2　態度が悪いと言う ■……………… □

3　あなたがしていることを説明し、やり方を教え、うまくできるように気遣い、努力を手助けし、感謝する ■……………… □

Step 5　ポジティブ・ディシプリンで対応する

ここまで、あなたの子育てにおける長期的な目標や、温かさ・枠組みを与える方法、そしてあなたのお子さんの発達段階について振り返りました。これらを踏まえて、あなたなら１～３のどの対応方法を選びますか？

３番を選んだなら、大正解です！

note 批判の言葉

親はわが子の間違いを正すために、悪い子だとか、態度が良くないとか、不器用だとか、子どもっぽいとか、何をやらせてもできないなどと言うことがあります。こうした批判の言葉を聞くと、子どもは拒絶されたように感じ、自分はだめなのだと思ってしまいます。

子どもは自分を悪い子だと思うようになると、私たちが悪いと思うことをする可能性が高くなります。自分は何もできないのだと思うと、新しい技術をマスターしようとする意欲が弱まります。

子どもは学習者です。知識や技術を身につけるためには、私たちが頼りなのです。私たちの励ましと支えが子どもには必要です。

自分を大切に思える気持ち（自尊の感情）が強い子どもは、挑戦をためらわないので、そうでない子どもよりもいい結果を出します。また、自分は失敗にうまく対処できると思っているので、より前向きな気分でいるものです。さらに、親が自分を信じていると知っているので、親との関係もより良好です。

親は子どもの自尊感情を育てるために、いろいろな手助けができます。たとえば、

- ○ 結果が完璧でなくても、努力をほめる
- ○ 子どもの手伝いたいという気持ちに感謝する
- ○ 子どもが失敗したときは支え、あきらめないように励ます
- ○ わが子が大切である理由をすべて伝えておく

私たちはみな、励ましを受けると、のびるものです。批判のかわりに励ましの言葉をかければ、それはお子さんに絶大な効果をもたらすでしょう。

実践トレーニング

[場面設定]

あなたは外で庭仕事をしています。お子さんは近くで大好きなボール遊びをしています。不意にボールが車道にコロコロと転がっていきました。そのときちょうど、車が走ってきていましたが、お子さんはボールを追いかけて車道に飛び出しました。

あなたは何をすべきでしょうか？　以下にある１～３の対応方法について１つ１つよく検討し、いちばんいいのはどの方法なのか、そしてそれはなぜなのかを考えてみましょう。

1 二度とそんなことをしてはいけないと学ばせるため、強く叩く

2 これから２週間、外遊びはお預けだと言う

3 あなたがどんなに心配したかを伝え、お子さんがその気持ちを理解できるようにする。車がぶつかったら大けがをしかねないと説明する。車がどんなに硬いものか、触ってみるよう促す。一緒に腰を下ろし、車がどれだけ速く走るかを観察する。車の運転席に座ってみるように言い、ドライバーからどれだけ子どもが見えにくいかを理解できるようにする。車道に出る前に、立ち止まって、目と耳で安全を確認する練習をする

Step 1　長期的な目標を思い出す

あなたが決めたいくつかの**長期的目標**のうち、この場面に関係する目標はどんなものがありますか？

……………………………………………………………………

……………………………………………………………………

……………………………………………………………………

……………………………………………………………………

１～３の中から、あなたの長期的な目標に近づく方法を選び、チェックマークをつけてください。

- 1　叩く ……………………………… □
- 2　2週間、外遊びはお預けだと言う ……………………………… □
- 3　あなたが感じた恐怖を伝え、なぜ怖かったかを説明し、車が危険な理由を教え、交通安全のための練習をする ……………………………… □

Step 2 温かさと枠組みを意識する

１～３の対応方法を、**温かさ**を与えるという視点から、あらためて見直してみましょう。以下に挙げたのは**温かさ**を与える行為の例ですが、これらに当てはまるのは１～３の対応方法のうちどれでしょうか。チェックマークをつけてください。

	1	2	3
安心感を与える	□	□	□
無条件の愛を示す	□	□	□
愛情を表現する	□	□	□
発達段階に配慮している	□	□	□
子どもの欲求を感知する	□	□	□
子どもの気持ちへの共感を示す	□	□	□

今度は、1～3の対応方法を、**枠組み**を示すという視点からあらためて見直してみましょう。以下に挙げたのは**枠組み**を示す行為の例ですが、これらに当てはまるのは1～3の対応方法のうち、どれでしょうか。チェックマークをつけてください。

	1	2	3
子どもの行動のあり方について はっきりした方向性を示す	□	□	□
子どもへの期待をはっきり言葉で伝える	□	□	□
はっきり説明する	□	□	□
子どもの学びを助ける	□	□	□
子どもが自分の頭で 考えるように後押しする	□	□	□
人との衝突を解決する技術を教える	□	□	□

Step 3　お子さんの考え方・感じ方を考える

幼い子どもは**なぜ**車道に飛び出すのでしょう？

Step 4　課題を解決する

今度は、子どもの発達段階に関する観点から、1～3の対応方法をあらためて見直してみましょう。あなたのお子さんの発達段階に配慮しているといえる対応方法にチェックマークをつけてください。

1 叩く ■……………………………………………… □

2 2週間、外遊びはお預けだと言う ■…………………… □

3 あなたが感じた恐怖を伝え、なぜ怖かったかを説明し、
車が危険な理由を教え、交通安全のための練習をする ■……… □

Step 5　ポジティブ・ディシプリンで対応する

ここまで、あなたの子育てにおける長期的な目標や、温かさ・枠組みを与える方法、そしてあなたのお子さんの発達段階について振り返りました。これらを踏まえて、あなたなら１～３のどの対応方法を選びますか？

３番を選んだなら、大正解です！

5～9歳

実践トレーニング

［場面設定］

お子さんが学校に上がってから４ヵ月になります。学校の先生から、お子さんに手を焼いていると連絡がありました。じっと座っていることができず、お友だちとおしゃべりをするし、課題を終えるのにとても時間がかかるというのです。

あなたは何をすべきでしょうか？　以下にある１～３の対応方法について１つ１つよく検討し、いちばんいいのはどの方法なのか、そしてそれはなぜなのかを考えてみましょう。

1 うちの子が行儀の悪いことをしたら、叩いてくださいと先生に言う

2 先生がどんなことで困っているのか、お子さんに理由を説明する。そして、「私はあなたのことが大好きだから、もっと学校で集中できるように手助けしたい」と伝える。学校で起きた出来事をお子さんに尋ね、お子さんの言い分を聴く。お子さんを悩ませたり、気を散らせたりすることが学校で起きていないかを確かめる

3 学校で集中することがなぜ大切なのか、理由をお子さんに説明する。確かに集中するのが難しいときもあるし、それは自分にもわかると言う。何か解決策を思いつかないかどうか、お子さんに尋ねる。先生と会い、お子さんの気質と教室の環境をもっとうまくマッチさせるための計画を立てる

Step 1　長期的な目標を思い出す

あなたが決めたいくつかの**長期的目標**のうち、この場面に関係する目標はどんなものがありますか？

1～3の中から、あなたの長期的な目標に近づく方法を選び、チェックマークをつけてください。

1 うちの子を叩いてくれと先生に言う ■…………… □

2 説明し、お子さんの言い分を聴く ■…………… □

3 説明し、理解を示し、お子さんのアイディアを聴いて、解決策を話し合うために先生と会う ■…………… □

Step 2 温かさと枠組みを意識する

1～3の対応方法を、**温かさ**を与えるという視点から、あらためて見直してみましょう。以下に挙げたのは**温かさ**を与える行為の例ですが、これらに当てはまるのは1～3の対応方法のうちどれでしょうか。チェックマークをつけてください。

	1	2	3
安心感を与える	□	□	□
無条件の愛を示す	□	□	□
愛情を表現する	□	□	□
発達段階に配慮している	□	□	□
子どもの欲求を感知する	□	□	□
子どもの気持ちへの共感を示す	□	□	□

今度は、1～3の対応方法を、**枠組み**を示すという視点からあらためて見直してみましょう。以下に挙げたのは**枠組み**を示す行為の例ですが、これらに当てはまるのは1～3の対応方法のうち、どれでしょうか。チェックマークをつけてください。

	1	2	3
子どもの行動のあり方についてはっきりした方向性を示す	□	□	□
子どもへの期待をはっきり言葉で伝える	□	□	□
はっきり説明する	□	□	□
子どもの学びを助ける	□	□	□
子どもが自分の頭で考えるように後押しする	□	□	□
人との衝突を解決する技術を教える	□	□	□

Step 3　お子さんの考え方・感じ方を考える

幼い子どもは**なぜ**学校で注意を集中するのが難しいのでしょう？

Step 4　課題を解決する

今度は、子どもの発達段階に関する観点から、1～3の対応方法をあらためて見直してみましょう。あなたのお子さんの発達段階に配慮しているといえる対応方法にチェックマークをつけてください。

1. うちの子を叩いてくれと先生に言う ☐
2. 説明し、お子さんの言い分を聴く ☐
3. 説明し、理解を示し、お子さんのアイディアを聴いて、解決策を話し合うために先生と会う ☐

Step 5 ポジティブ・ディシプリンで対応する

ここまで、あなたの子育てにおける長期的な目標や、温かさ・枠組みを与える方法、そしてあなたのお子さんの発達段階について振り返りました。これらを踏まえて、あなたなら１～３のどの対応方法を選びますか？

２番と３番を選んだなら、大正解です！

> 子どもは人としての尊厳が尊重される形で学校教育を受ける権利をもっています。
>
> 国連「子どもの権利条約」第28条

実践トレーニング

［場面設定］

お子さんはお友だちと動物のおもちゃで遊んでいます。馬のおもちゃは1つしかありませんが、2人ともそれで遊びたいようです。その馬をお友だちが取ったとき、お子さんはお友だちを叩いて、馬を横取りしようとしました。

あなたは何をすべきでしょうか？　以下にある1～3の対応方法について1つ1つよく検討し、いちばんいいのはどの方法なのか、そしてそれはなぜなのかを考えてみましょう。

1 おもちゃをすべて片付け、子どもたちに「仲良く遊べないのなら遊んじゃだめ」と言う。そしてお友だちに家へ帰ってもらう

2 お子さんに、うちのルールでは人をぶってはいけないと言う。ぶつと、相手は痛い思いをするのだ、と説明する。ほしいものがあるときに、相手にきちんとお願いする方法を教える。もし断られたなら、どうやってかわりのものを見つければいいかを教える。「馬を貸して」ときちんとお願いをする練習をさせる。お子さんがこのようなソーシャル・スキル〔対人関係をうまく維持するための技能〕を学ぶ努力をしたことをほめる

3 ぶたれたときどんな感じがするかを教えるために、お子さんを叩く

Step 1　長期的な目標を思い出す

あなたが決めたいくつかの**長期的目標**のうち、この場面に関係する目標はどんなものがありますか？

1～3の中から、あなたの長期的な目標に近づく方法を選び、チェックマークをつけてください。

1 おもちゃを片付け、お友だちに家へ帰ってもらう ☐

2 ルールをはっきり述べ、ソーシャル・スキルのお手本を見せ、お子さんに練習するよう促す ☐

3 叩く ☐

Step 2 温かさと枠組みを意識する

1〜3の対応方法を、**温かさ**を与えるという視点から、あらためて見直してみましょう。以下に挙げたのは**温かさ**を与える行為の例ですが、これらに当てはまるのは1〜3の対応方法のうちどれでしょうか。チェックマークをつけてください。

	1	2	3
安心感を与える	□	□	□
無条件の愛を示す	□	□	□
愛情を表現する	□	□	□
発達段階に配慮している	□	□	□
子どもの欲求を感知する	□	□	□
子どもの気持ちへの共感を示す	□	□	□

今度は、1～3の対応方法を、**枠組み**を示すという視点からあらためて見直してみましょう。以下に挙げたのは**枠組み**を示す行為の例ですが、これらに当てはまるのは1～3の対応方法のうち、どれでしょうか。チェックマークをつけてください。

	1	2	3
子どもの行動のあり方について はっきりした方向性を示す	□	□	□
子どもへの期待をはっきり言葉で伝える	□	□	□
はっきり説明する	□	□	□
子どもの学びを助ける	□	□	□
子どもが自分の頭で 考えるように後押しする	□	□	□
人との衝突を解決する技術を教える	□	□	□

Step 3　お子さんの考え方・感じ方を考える

幼い子どもは**なぜ**ほかの子どもをぶつことがあるのでしょう？

Step 4　課題を解決する

今度は、子どもの発達段階に関する観点から、1～3の対応方法をあらためて見直してみましょう。あなたのお子さんの発達段階に配慮しているといえる対応方法にチェックマークをつけてください。

1 おもちゃを片付け、お友だちに家へ帰ってもらう ☐

2 ルールをはっきり述べ、ソーシャル・スキルのお手本を見せ、お子さんに練習するよう促す ☐

3 叩く ☐

Step 5 ポジティブ・ディシプリンで対応する

ここまで、あなたの子育てにおける長期的な目標や、温かさ・枠組みを与える方法、そしてあなたのお子さんの発達段階について振り返りました。これらを踏まえて、あなたなら１～３のどの対応方法を選びますか？

２番を選んだなら、大正解です！

10～13歳

実践トレーニング

［場面設定］

　お子さんがぶすっとして学校から帰ってきました。あなたとは口をききたくないようで、不機嫌そうな声を出しています。

　あなたは何をすべきでしょうか？　以下にある１～３の対応方法について１つ１つよく検討し、いちばんいいのはどの方法なのか、そしてそれはなぜなのかを考えてみましょう。

[1] 夕食抜きにして、自分の部屋へ行かせる

[2] 態度が悪いので、叩く

[3] 何かに腹を立てているようだねと、お子さんに言う。話したくなったら自分は聴くつもりでいるし、ちからになると知らせる。お子さんが事情を話したら、注意深く耳を傾け、問題の解決策を見つける手助けをする。お子さんの機嫌が良くなったら、腹が立っているときでも相手に丁寧に接することの大切さを説明する。お子さんにその手本を見せる

Step 1　長期的な目標を思い出す

あなたが決めたいくつかの**長期的目標**のうち、この場面に関係する目標はどんなものがありますか？

1～3の中から、あなたの長期的な目標に近づく方法を選び、チェックマークをつけてください。

1 夕食抜きにして、自分の部屋へ行かせる ☐

2 顔を叩く ☐

3 お子さんの気持ちを読み取って尊重し、話を聴き、お子さんを支え、丁寧な態度でコミュニケーションをとる大切さを説く ☐

Step 2　温かさと枠組みを意識する

1～3の対応方法を、**温かさ**を与えるという視点から、あらためて見直してみましょう。以下に挙げたのは**温かさ**を与える行為の例ですが、これらに当てはまるのは1～3の対応方法のうちどれでしょうか。チェックマークをつけてください。

	1	2	3
安心感を与える	☐	☐	☐
無条件の愛を示す	☐	☐	☐
愛情を表現する	☐	☐	☐
発達段階に配慮している	☐	☐	☐
子どもの欲求を感知する	☐	☐	☐
子どもの気持ちへの共感を示す	☐	☐	☐

今度は、1～3の対応方法を、**枠組み**を示すという視点からあらためて見直してみましょう。以下に挙げたのは**枠組み**を示す行為の例ですが、これらに当てはまるのは1～3の対応方法のうち、どれでしょうか。チェックマークをつけてください。

	1	2	3
子どもの行動のあり方について はっきりした方向性を示す	□	□	□
子どもへの期待をはっきり言葉で伝える	□	□	□
はっきり説明する	□	□	□
子どもの学びを助ける	□	□	□
子どもが自分の頭で 考えるように後押しする	□	□	□
人との衝突を解決する技術を教える	□	□	□

Step 3　お子さんの考え方・感じ方を考える

この年頃の子どもは**なぜ**心が不安定になるのでしょう？

……………………………………………………………………

……………………………………………………………………

……………………………………………………………………

Step 4　課題を解決する

今度は、子どもの発達段階に関する観点から、1～3の対応方法をあらためて見直してみましょう。あなたのお子さんの発達段階に配慮しているといえる対応方法にチェックマークをつけてください。

1　夕食抜きにして、自分の部屋へ行かせる ……………… ☐

2　顔を叩く ……………… ☐

3　お子さんの気持ちを読み取って尊重し、話を聴き、お子さんを支え、丁寧な態度でコミュニケーションをとる大切さを説く ……………… ☐

Step 5 ポジティブ・ディシプリンで対応する

ここまで、あなたの子育てにおける長期的な目標や、温かさ・枠組みを与える方法、そしてあなたのお子さんの発達段階について振り返りました。これらを踏まえて、あなたなら１〜３のどの対応方法を選びますか？

３番を選んだなら、大正解です！

note 子どもが怒っているとき

子ども時代の大きな課題の１つは、気持ちのコントロールと感情表現のしかたを学ぶことです。これはとても難しい課題です。感情が高ぶると、私たちはものをはっきり考えられなくなることがあるからです。また強い感情を抱くと、私たちは衝動的な行動をとることがあります。本来なら言わないようなことを言ってしまったり、やらないようなことをやってしまったりするのです。

子どもが感情というものを理解して、それをコントロールしたり前向きな方法で表現したりできるようになることは、一筋縄ではいかない大仕事です。

時として、子どもは感情にのまれてしまうことがあります。幼い頃かんしゃくを起こしたのと同じように、経験を重ねてからもやはり怒りの爆発を起こすかもしれません。あるいは、気持ちを表現することができなかったり、表現するのをためらったりして、ただ口を閉ざすかもしれません。

こういうとき、子どもは自分が安全であり、愛されていると知る必要があります。お子さんが激しく怒っているときは、穏やかに会話ができるとは限りません。いちばんいいのは、ただ近くにいて、必要ならここにいるよと、行動を通じてお子さんに伝えることです。嵐が過ぎ去ったら、何が起きたのか、話をするとともに、あなた自身が平静を保つことによって、前向きな感情表現のしかたを教えましょう。また、怒りの爆発の原因となった問題の解決方法についても教えましょう。

感情の嵐は必ず過ぎ去るということを忘れないでください。そして、どの嵐も、あなたがお子さんの手本になる機会を提供しているのです。

実践トレーニング

［場面設定］

お子さんは長時間、テレビゲームで遊んでいます。ゲームをやめ、宿題を始めさせるには、毎日お子さんとけんかをしなければなりません。あなたはお子さんがゲーム「中毒」になりつつあるのではと心配です。また、ほかのことに興味をなくしてしまうのではないかと気がかりです。

あなたは何をすべきでしょうか？　以下にある１～３の対応方法について１つ１つよく検討し、いちばんいいのはどの方法なのか、そしてそれはなぜなのかを考えてみましょう。

1. テレビのプラグを抜き、学校のテストで１番にならなければ二度とゲームをやってはいけないと言う

2. あなたがどれだけ心配しているかをわからせるため、お子さんを怒り、本にもう興味がないなら捨てるよと脅かす

3. お子さんと話をするため、静かな時間を選ぶ。お子さんがゲームを楽しんでいることを理解しつつ、ゲームに費やす時間の長さについてあなたが心配している理由を説明する。やってもいいゲームの種類と、ゲームに費やしてもいい時間の長さについて、一緒にルールを決めようと誘う。双方が妥当だと思う条件を見つけ出して、それをテレビのそばに書いて貼っておく。お子さんがルールを守る努力をしたら、ほめる

Step 1　長期的な目標を思い出す

あなたが決めたいくつかの**長期的目標**のうち、この場面に関係する目標はどんなものがありますか？

1〜3の中から、あなたの長期的な目標に近づく方法を選び、チェックマークをつけてください。

1 テレビのプラグを抜き、ゲームをするためにはテストで1番になれと言う ■………… □

2 お子さんを怒り、脅かす ■………… □

3 お子さんが楽しんでいることを認め、あなたの心配を説明し、一緒にルールを作り、お子さんの努力をほめる ■………… □

Step 2　温かさと枠組みを意識する

１～３の対応方法を、**温かさ**を与えるという視点から、あらためて見直してみましょう。以下に挙げたのは**温かさ**を与える行為の例ですが、これらに当てはまるのは１～３の対応方法のうちどれでしょうか。チェックマークをつけてください。

	1	2	3
安心感を与える	□	□	□
無条件の愛を示す	□	□	□
愛情を表現する	□	□	□
発達段階に配慮している	□	□	□
子どもの欲求を感知する	□	□	□
子どもの気持ちへの共感を示す	□	□	□

今度は、１～３の対応方法を、**枠組み**を示すという視点からあらためて見直してみましょう。以下に挙げたのは**枠組み**を示す行為の例ですが、これらに当てはまるのは１～３の対応方法のうち、どれでしょうか。チェックマークをつけてください。

	1	2	3
子どもの行動のあり方について はっきりした方向性を示す	□	□	□
子どもへの期待をはっきり言葉で伝える	□	□	□
はっきり説明する	□	□	□
子どもの学びを助ける	□	□	□
子どもが自分の頭で 考えるように後押しする	□	□	□
人との衝突を解決する技術を教える	□	□	□

Step 3　お子さんの考え方・感じ方を考える

この年頃の子どもは、**なぜ**テレビゲームをするのが好きなのでしょう？

Step 4　課題を解決する

今度は、子どもの発達段階に関する観点から、1～3の対応方法をあらためて見直してみましょう。あなたのお子さんの発達段階に配慮しているといえる対応方法にチェックマークをつけてください。

1 テレビのプラグを抜き、ゲームをするためにはテストで1番になれと言う ■……………… □

2 お子さんを怒り、脅かす ■……………… □

3 お子さんが楽しんでいることを認め、あなたの心配を説明し、一緒にルールを作り、お子さんの努力をほめる ■……………… □

Step 5　ポジティブ・ディシプリンで対応する

ここまで、あなたの子育てにおける長期的な目標や、温かさ・枠組みを与える方法、そしてあなたのお子さんの発達段階について振り返りました。これらを踏まえて、あなたなら１～３のどの対応方法を選びますか？

３番を選んだなら、大正解です！

実践トレーニング

［場面設定］

最近、お子さんが「汚い言葉」をたくさん知っている子どもと友だちになりました。お子さんには言ってもらいたくないような言葉をその友だちが使っているのを、あなたはすでに耳にしています。ある日、そういう言葉をお子さんが使っているのを聞いてしまいました。あなたは動揺を感じています。これまで教えようとしてきたすべてのことが、無駄になってしまうのではないかと心配なのです。

あなたは何をすべきでしょうか？　以下にある１～３の対応方法について１つ１つよく検討し、いちばんいいのはどの方法なのか、そしてそれはなぜなのかを考えてみましょう。

1. この機会をとらえて、仲間からの圧力や、お子さんの言動が周囲の人に与える影響、そして自分自身でものごとを決めることの大切さについて、お子さんと穏やかに話をする

2. そんな言葉を二度と使わず、あなたに敬意を示すようわからせるため、お子さんの口を石けん水ですすがせる〔汚い言葉を使ったときのお仕置きの方法〕

3. これから１ヵ月間、学校が終わったら毎日、自宅で謹慎させる。その友だちとは二度と遊んではだめだと言い渡す

Step 1　長期的な目標を思い出す

あなたが決めたいくつかの**長期的目標**のうち、この場面に関係する目標はどんなものがありますか？

1〜3の中から、あなたの長期的な目標に近づく方法を選び、チェックマークをつけてください。

1 仲間からの圧力や意思決定について、お子さんと話す ■………□

2 口を石けん水ですすがせる ■………□

3 自宅で謹慎させ、その友だちに会うのを禁止する ■………□

Step 2 温かさと枠組みを意識する

1～3の対応方法を、**温かさ**を与えるという視点から、あらためて見直してみましょう。以下に挙げたのは**温かさ**を与える行為の例ですが、これらに当てはまるのは1～3の対応方法のうちどれでしょうか。チェックマークをつけてください。

	1	2	3
安心感を与える	□	□	□
無条件の愛を示す	□	□	□
愛情を表現する	□	□	□
発達段階に配慮している	□	□	□
子どもの欲求を感知する	□	□	□
子どもの気持ちへの共感を示す	□	□	□

今度は、1～3の対応方法を、**枠組み**を示すという視点からあらためて見直してみましょう。以下に挙げたのは**枠組み**を示す行為の例ですが、これらに当てはまるのは1～3の対応方法のうち、どれでしょうか。チェックマークをつけてください。

	1	2	3
子どもの行動のあり方について はっきりした方向性を示す	☐	☐	☐
子どもへの期待をはっきり言葉で伝える	☐	☐	☐
はっきり説明する	☐	☐	☐
子どもの学びを助ける	☐	☐	☐
子どもが自分の頭で 考えるように後押しする	☐	☐	☐
人との衝突を解決する技術を教える	☐	☐	☐

Step 3　お子さんの考え方・感じ方を考える

この年頃の子どもは、**なぜ**汚い言葉を使うのでしょう？

Step 4　課題を解決する

今度は、子どもの発達段階に関する観点から、1～3の対応方法をあらためて見直してみましょう。あなたのお子さんの発達段階に配慮しているといえる対応方法にチェックマークをつけてください。

1 仲間からの圧力や意思決定について、お子さんと話す ■……………………□

2 口を石けん水ですすがせる ■……………………………………………………□

3 自宅で謹慎させ、その友だちに会うのを禁止する ■…………………………□

Step 5　ポジティブ・ディシプリンで対応する

ここまで、あなたの子育てにおける長期的な目標や、温かさ・枠組みを与える方法、そしてあなたのお子さんの発達段階について振り返りました。これらを踏まえて、あなたなら１～３のどの対応方法を選びますか？

１番を選んだなら、大正解です！

14～18歳

実践トレーニング

［場面設定］

お子さんはこれまでずっと、あなたがいいと思える服装と髪型をしていました。仲間とも、地域社会の中でも、お子さんはうまくやっていたのです。でもある日、片方の眉にピアスをし、髪を逆立て、過激なスローガンが書かれたシャツに身を包んでいました。

あなたは何をすべきでしょうか？　以下にある１～３の対応方法について１つ１つよく検討し、いちばんいいのはどの方法なのか、そしてそれはなぜなのかを考えてみましょう。

1. あなたがなぜ不快に感じているかを説明する。お子さんの新しいファッションのうち、大目に見られる部分がどれかを判断し、それ以外の部分になぜ賛成できないかを説明する。お子さんの意見を尋ねる。新しい部分をいくつか許しつつ、あなたの気持ちも尊重するような妥協案を一緒に決める

2. 頭がおかしくなったみたいだとお子さんに言い、これから２週間、外出禁止にする

3. お子さんを座らせ、髪を切り、ピアスをトイレに流す

Step 1　長期的な目標を思い出す

あなたが決めたいくつかの**長期的目標**のうち、この場面に関係する目標はどんなものがありますか？

1～3の中から、あなたの長期的な目標に近づく方法を選び、チェックマークをつけてください。

1 あなたの気持ちを説明し、話し合って妥協案を決める ■………………… □

2 外出禁止にする ■……………………………………………………………… □

3 髪を切り、ピアスをトイレに流す ■……………………………………… □

Step 2 温かさと枠組みを意識する

1〜3の対応方法を、**温かさ**を与えるという視点から、あらためて見直してみましょう。以下に挙げたのは**温かさ**を与える行為の例ですが、これらに当てはまるのは1〜3の対応方法のうちどれでしょうか。チェックマークをつけてください。

	1	2	3
安心感を与える	□	□	□
無条件の愛を示す	□	□	□
愛情を表現する	□	□	□
発達段階に配慮している	□	□	□
子どもの欲求を感知する	□	□	□
子どもの気持ちへの共感を示す	□	□	□

今度は、1～3の対応方法を、**枠組み**を示すという視点からあらためて見直してみましょう。以下に挙げたのは**枠組み**を示す行為の例ですが、これらに当てはまるのは1～3の対応方法のうち、どれでしょうか。チェックマークをつけてください。

	1	2	3
子どもの行動のあり方について はっきりした方向性を示す	□	□	□
子どもへの期待をはっきり言葉で伝える	□	□	□
はっきり説明する	□	□	□
子どもの学びを助ける	□	□	□
子どもが自分の頭で 考えるように後押しする	□	□	□
人との衝突を解決する技術を教える	□	□	□

Step 3 お子さんの考え方・感じ方を考える

青年期の子どもは**なぜ**外見を変えるのでしょう？

Step 4 課題を解決する

今度は、子どもの発達段階に関する観点から、1～3の対応方法をあらためて見直してみましょう。あなたの子さんの発達段階に配慮しているといえる対応方法にチェックマークをつけてください。

1 あなたの気持ちを説明し、話し合って妥協案を決める …… □

2 外出禁止にする …… □

3 髪を切り、ピアスをトイレに流す …… □

Step 5 ポジティブ・ディシプリンで対応する

ここまで、あなたの子育てにおける長期的な目標や、温かさ・枠組みを与える方法、そしてあなたのお子さんの発達段階について振り返りました。これらを踏まえて、あなたなら1～3のどの対応方法を選びますか？

1番を選んだなら、大正解です！

子どもは、屈辱的な取り扱いや処罰から守られる権利をもっています。

国連「子どもの権利条約」第37条

実践トレーニング

［場面設定］

あなたは14歳の息子さんに、毎日、学校が終わったらまっすぐ帰宅するようにというルールを課していました。あなたが家を留守にしていても、息子さんはいつもこのルールに従っていました。でもある日、息子さんは友だちの家に招かれ、それに応じました。あなたはたまたまその日は早く帰宅し、息子さんがいないことに気づきました。心配で取り乱していたところ、まもなく息子さんが帰ってきました。

あなたは何をすべきでしょうか？　以下にある1～3の対応方法について1つ1つよく検討し、いちばんいいのはどの方法なのか、そしてそれはなぜなのかを考えてみましょう。

1. 息子さんに、もう信用することができないと言う。新たなルールとして、毎日、帰宅したらあなたに電話させることにする。これから1カ月間、週末の外出は禁止だと言う

2. なぜルールを破ったのか、息子さんに説明するよう伝え、その理由に耳を傾ける。あなたのルールがこの年の子どもにとって妥当かどうかを考える。そして、妥当かつ適当でありながら、息子さんの身の安全が守れる新しいルールを、息子さんと一緒に作る

3. あなたの設けたルールを粗末に扱った罰として、ベルトで叩く

Step 1 長期的な目標を思い出す

あなたが決めたいくつかの**長期的目標**のうち、この場面に関係する目標はどんなものがありますか？

1～3の中から、あなたの長期的な目標に近づく方法を選び、チェックマークをつけてください。

1 信用できないと言い、もっと厳しいルールを決め、外出禁止にする ☐

2 息子さんの主張に耳を傾け、これまでのルールを見直し、2人が納得できるルールを一緒に作る ☐

3 ベルトで叩く ☐

Step 2　温かさと枠組みを意識する

1～3の対応方法を、**温かさ**を与えるという視点から、あらためて見直してみましょう。以下に挙げたのは**温かさ**を与える行為の例ですが、これらに当てはまるのは1～3の対応方法のうちどれでしょうか。チェックマークをつけてください。

	1	2	3
安心感を与える	□	□	□
無条件の愛を示す	□	□	□
愛情を表現する	□	□	□
発達段階に配慮している	□	□	□
子どもの欲求を感知する	□	□	□
子どもの気持ちへの共感を示す	□	□	□

今度は、1～3の対応方法を、**枠組み**を示すという視点からあらためて見直してみましょう。以下に挙げたのは**枠組み**を示す行為の例ですが、これらに当てはまるのは1～3の対応方法のうち、どれでしょうか。チェックマークをつけてください。

	1	2	3
子どもの行動のあり方についてはっきりした方向性を示す	□	□	□
子どもへの期待をはっきり言葉で伝える	□	□	□
はっきり説明する	□	□	□
子どもの学びを助ける	□	□	□
子どもが自分の頭で考えるように後押しする	□	□	□
人との衝突を解決する技術を教える	□	□	□

Step 3　お子さんの考え方・感じ方を考える

この年頃の子どもは**なぜ**ルールを破るのでしょう？

Step 4　課題を解決する

今度は、子どもの発達段階に関する観点から、1～3の対応方法をあらためて見直してみましょう。あなたのお子さんの発達段階に配慮しているといえる対応方法にチェックマークをつけてください。

1. 信用できないと言い、もっと厳しいルールを決め、外出禁止にする ■…… □
2. 息子さんの主張に耳を傾け、これまでのルールを見直し、2人が納得できるルールを一緒に作る ■…… □
3. ベルトで叩く ■…… □

Step 5　ポジティブ・ディシプリンで対応する

ここまで、あなたの子育てにおける長期的な目標や、温かさ・枠組みを与える方法、そしてあなたのお子さんの発達段階について振り返りました。これらを踏まえて、あなたなら１～３のどの対応方法を選びますか？

２番を選んだなら、大正解です！

実践トレーニング

［場面設定］

15歳の娘さんが付き合っているボーイフレンドは、最近、運転免許を取りました。あなたは娘さんに、彼と一緒にドライブに出かけてはだめだと言ってあります。そんなある日、彼が娘さんに、一緒に車でビーチへ行こうと誘いました。娘さんはあなたに「宿題をしに友だちの家に行ってくる」と言いましたが、実際は車に乗ってビーチで午後を過ごしました。あなたは娘さんが嘘をついたことを知りました。

あなたは何をすべきでしょうか？　以下にある1～3の対応方法について1つ1つよく検討し、いちばんいいのはどの方法なのか、そしてそれはなぜなのかを考えてみましょう。

1 裏切られた気分だ、もう二度と信用できないと娘さんに言う。彼は悪い影響を及ぼすので、もう会ってはいけないと命じる

2 親に嘘をつくなんて子どもとして最低の行為だ、もう二度と元の親子関係には戻れないと言い、娘さんを自分の部屋へ行かせる。そして2カ月間、外出禁止にする

3 あなたにとって、娘さんの安全がこの世でいちばん大事だと伝える。あなたが設けたルールには、娘さんへの愛情と、安全への気遣いが込められているのだと説明する。娘さんの安全に関しては妥協できないと言う。なぜルールを破ったのか、そしてなぜあなたに嘘をついたのか、理由を尋ねる。娘さんの説明を聴き、動機を理解する。話し合って、娘さんの自立の欲求を満たしつつ安全も確保できるような方法を探す。娘さんのボーイフレンドとも話をし、あなたのルールとその理由を説明する。今後、一緒にドライブに行こうと娘さんを誘わないよう、彼にも同意してもらう

Step 1　長期的な目標を思い出す

あなたが決めたいくつかの**長期的目標**のうち、この場面に関係する目標はどんなものがありますか？

１～３の中から、あなたの長期的な目標に近づく方法を選び、チェックマークをつけてください。

1. もう信用できないと娘さんに言い、彼と別れさせる ■…………………… □
2. 娘さんがしたことは最低だと言い、自分の部屋へ行かせ、外出禁止にする ■…………………… □
3. あなたが設けたルールの理由を説明し、娘さんがそれを守らなかった理由と、嘘をついた理由を聴く。安全のためのルールに関しては譲らず、安全な方法で娘さんに自立を促す方法を見つけ、その後、娘さんのボーイフレンドと話をする ■…………………… □

Step 2　温かさと枠組みを意識する

1〜3の対応方法を、**温かさ**を与えるという視点から、あらためて見直してみましょう。以下に挙げたのは**温かさ**を与える行為の例ですが、これらに当てはまるのは1〜3の対応方法のうちどれでしょうか。チェックマークをつけてください。

	1	2	3
安心感を与える	□	□	□
無条件の愛を示す	□	□	□
愛情を表現する	□	□	□
発達段階に配慮している	□	□	□
子どもの欲求を感知する	□	□	□
子どもの気持ちへの共感を示す	□	□	□

今度は、1～3の対応方法を、**枠組み**を示すという視点からあらためて見直してみましょう。以下に挙げたのは**枠組み**を示す行為の例ですが、これらに当てはまるのは1～3の対応方法のうち、どれでしょうか。チェックマークをつけてください。

	1	2	3
子どもの行動のあり方について はっきりした方向性を示す	□	□	□
子どもへの期待をはっきり言葉で伝える	□	□	□
はっきり説明する	□	□	□
子どもの学びを助ける	□	□	□
子どもが自分の頭で 考えるように後押しする	□	□	□
人との衝突を解決する技術を教える	□	□	□

Step 3 お子さんの考え方・感じ方を考える

この年頃の子どもは**なぜ**ルールを破り、ときには嘘をつくのでしょう？

Step 4 課題を解決する

今度は、子どもの発達段階に関する観点から、1～3の対応方法をあらためて見直してみましょう。あなたのお子さんの発達段階に配慮しているといえる対応方法にチェックマークをつけてください。

- 1 もう信用できないと娘さんに言い、彼と別れさせる ■…………□
- 2 娘さんがしたことは最低だと言い、自分の部屋へ行かせ、外出禁止にする ■…………□
- 3 あなたが設けたルールの理由を説明し、娘さんがそれを守らなかった理由と、嘘をついた理由を聴く。安全のためのルールに関しては譲らず、安全な方法で娘さんに自立を促す方法を見つけ、その後、娘さんのボーイフレンドと話をする ■…………□

Step 5 ポジティブ・ディシプリンで対応する

ここまで、あなたの子育てにおける長期的な目標や、温かさ・枠組みを与える方法、そしてあなたのお子さんの発達段階について振り返りました。これらを踏まえて、あなたなら１～３のどの対応方法を選びますか？

３番を選んだなら、大正解です！

実践トレーニング

［場面設定］

あなたは 17 歳のお子さんに、週末は夜 10 時までに帰宅するよう言ってあります。いまは土曜の夜 10 時半で、お子さんはまだ帰宅していません。あなたは心配でたまりません。なぜなら、お子さんは車でパーティーに行くと言っていたのですが、その車を運転するのは不慣れなドライバーだったからです。それに、パーティーにはあなたの知らない若者たちもいるはずです。しかも、会場にはアルコール類が用意してあると思われます。

お子さんが玄関のドアを入ってきたとき、あなたは何をすべきでしょうか？　以下にある 1 ～ 3 の対応方法について1つ1つよく検討し、いちばんいいのはどの方法なのか、そしてそれはなぜなのかを考えてみましょう。

1 1 カ月間、外出禁止とし、次にこんなことがあったら家から締め出すと告げる

2 人をばかにした態度は許さないと思い知らせるため、顔を叩く

3 あなたがどれだけ心配したかを伝える。大切な人が危ない状況にあると思ったとき、どういう気持ちになるかを説明する。お子さんがどんな危険に遭う恐れがあったかを説明する。今後、自分の安全を確実に守り、門限までに帰宅するためにどんな方法をとるつもりかを尋ねる。あなたが同意できる一連のルールを作る。そのルールをお子さんが 2 カ月間、守った場合のみ、門限の延長を考えると言う

Step 1 長期的な目標を思い出す

あなたが決めたいくつかの**長期的目標**のうち、この場面に関係する目標はどんなものがありますか？

1～3の中から、あなたの長期的な目標に近づく方法を選び、チェックマークをつけてください。

1 外出禁止にし、家から締め出すと脅かす ☐

2 顔を叩く ☐

3 お子さんの行動があなたに及ぼす影響と、お子さん自身にとっての危険を説明し、ルールを一緒に作り、責任をもってそのルールを守れば、門限の延長を考え、もっとお子さんの意思に任せることができると伝える ☐

Step 2 温かさと枠組みを意識する

1～3の対応方法を、**温かさ**を与えるという視点から、あらためて見直してみましょう。以下に挙げたのは**温かさ**を与える行為の例ですが、これらに当てはまるのは1～3の対応方法のうちどれでしょうか。チェックマークをつけてください。

	1	2	3
安心感を与える	□	□	□
無条件の愛を示す	□	□	□
愛情を表現する	□	□	□
発達段階に配慮している	□	□	□
子どもの欲求を感知する	□	□	□
子どもの気持ちへの共感を示す	□	□	□

今度は、1～3の対応方法を、**枠組み**を示すという視点からあらためて見直してみましょう。以下に挙げたのは**枠組み**を示す行為の例ですが、これらに当てはまるのは1～3の対応方法のうち、どれでしょうか。チェックマークをつけてください。

	1	2	3
子どもの行動のあり方について はっきりした方向性を示す	□	□	□
子どもへの期待をはっきり言葉で伝える	□	□	□
はっきり説明する	□	□	□
子どもの学びを助ける	□	□	□
子どもが自分の頭で 考えるように後押しする	□	□	□
人との衝突を解決する技術を教える	□	□	□

Step 3 お子さんの考え方・感じ方を考える

この年頃の子どもは**なぜ**危険なことをし、ルールを破るのでしょう？

…………………………………………………………………………

…………………………………………………………………………

…………………………………………………………………………

Step 4 課題を解決する

今度は、子どもの発達段階に関する観点から、1～3の対応方法をあらためて見直してみましょう。あなたのお子さんの発達段階に配慮しているといえる対応方法にチェックマークをつけてください。

1 外出禁止にし、家から締め出すと脅かす ■……………………… □

2 顔を叩く ■……………………………………………………… □

3 お子さんの行動があなたに及ぼす影響と、お子さん自身にとっての危険を説明し、ルールを一緒に作り、責任をもってそのルールを守れば、門限の延長を考え、もっとお子さんの意思に任せることができると伝える ■……………… □

Step 5　ポジティブ・ディシプリンで対応する

ここまで、あなたの子育てにおける長期的な目標や、温かさ・枠組みを与える方法、そしてあなたのお子さんの発達段階について振り返りました。これらを踏まえて、あなたなら１～３のどの対応方法を選びますか？

３番を選んだなら、大正解です！

子どもは、自分に影響する事柄について意見を表明する権利をもっています。

国連「子どもの権利条約」第 12 条

その他の場面について

ここまで、子育て中に出会う難しい場面の例をいくつか示してきました。もちろん、家庭内の衝突に発展しかねない場面は、ほかにもたくさんあります。

これ以降のページは、あなたにとって特に難しい場面で、課題解決の手法を用いるのに役立てていただくためのものです。

場面の説明をご自分で短く書き込み、1つ1つステップを踏んで、ポジティブ・ディシプリンの考え方を取り入れてみてください。最後のページに達する頃には、子どもと向き合う方法として、ポジティブ・ディシプリンの考え方があなたの中に定着しはじめていることでしょう。

実践トレーニング

［場面設定］

＿＿＿＿＿＿＿＿＿＿＿＿＿＿＿＿＿＿＿＿が

＿＿＿＿＿＿＿＿＿＿＿＿＿＿＿＿＿＿＿＿

＿＿＿＿＿＿＿＿したとき、あなたは何をしたらよいでしょう？

考えられる対応方法を３つ書いてください。

1 ＿＿＿＿＿＿＿＿＿＿＿＿＿＿＿＿＿＿＿＿

2 ＿＿＿＿＿＿＿＿＿＿＿＿＿＿＿＿＿＿＿＿

3 ＿＿＿＿＿＿＿＿＿＿＿＿＿＿＿＿＿＿＿＿

Step 1　長期的な目標を思い出す

あなたが決めたいくつかの**長期的目標**のうち、この場面に関係する目標はどんなものがありますか？

1～3の中から、あなたの長期的な目標に近づく方法を選び、チェックマークをつけてください。

1 □

2 □

3 □

Step 2 温かさと枠組みを意識する

1～3の対応方法を、**温かさ**を与えるという視点から、あらためて見直してみましょう。以下に挙げたのは**温かさ**を与える行為の例ですが、これらに当てはまるのは1～3の対応方法のうちどれでしょうか。チェックマークをつけてください。

	1	2	3
安心感を与える	□	□	□
無条件の愛を示す	□	□	□
愛情を表現する	□	□	□
発達段階に配慮している	□	□	□
子どもの欲求を感知する	□	□	□
子どもの気持ちへの共感を示す	□	□	□

今度は、1～3の対応方法を、**枠組み**を示すという視点からあらためて見直してみましょう。以下に挙げたのは**枠組み**を示す行為の例ですが、これらに当てはまるのは1～3の対応方法のうち、どれでしょうか。チェックマークをつけてください。

	1	2	3
子どもの行動のあり方についてはっきりした方向性を示す	□	□	□
子どもへの期待をはっきり言葉で伝える	□	□	□
はっきり説明する	□	□	□
子どもの学びを助ける	□	□	□
子どもが自分の頭で考えるように後押しする	□	□	□
人との衝突を解決する技術を教える	□	□	□

Step 3　お子さんの考え方・感じ方を考える

この年頃の子どもは、**なぜ**こんな行動をとるのでしょう？

Step 4　課題を解決する

今度は、子どもの発達段階に関する観点から、1～3の対応方法をあらためて見直してみましょう。あなたのお子さんの発達段階に配慮しているといえる対応方法にチェックマークをつけてください。

1 □

2 □

3 □

Step 5　ポジティブ・ディシプリンで対応する

ここまで、あなたの子育てにおける長期的な目標や、温かさ・枠組みを与える方法、そしてあなたのお子さんの発達段階について振り返りました。これらを踏まえて、あなたなら１～３のどの対応方法を選びますか？

実践トレーニング

［場面設定］

……………………………………………… が

………………………………………………

……………………… したとき、あなたは何をしたらよいでしょう？

考えられる対応方法を３つ書いてください。

1 ………………………………………………

………………………………………………

………………………………………………

2 ………………………………………………

………………………………………………

………………………………………………

3 ………………………………………………

………………………………………………

………………………………………………

Step 1 長期的な目標を思い出す

あなたが決めたいくつかの**長期的目標**のうち、この場面に関係する目標はどんなものがありますか？

1～3の中から、あなたの長期的な目標に近づく方法を選び、チェックマークをつけてください。

1 ☐

2 ☐

3 ☐

Step 2 温かさと枠組みを意識する

１～３の対応方法を、**温かさ**を与えるという視点から、あらためて見直してみましょう。以下に挙げたのは**温かさ**を与える行為の例ですが、これらに当てはまるのはのは１～３の対応方法のうちどれでしょうか。チェックマークをつけてください。

	1	2	3
安心感を与える	□	□	□
無条件の愛を示す	□	□	□
愛情を表現する	□	□	□
発達段階に配慮している	□	□	□
子どもの欲求を感知する	□	□	□
子どもの気持ちへの共感を示す	□	□	□

今度は、１～３の対応方法を、**枠組み**を示すという視点からあらためて見直してみましょう。以下に挙げたのは**枠組み**を示す行為の例ですが、これらに当てはまるのは１～３の対応方法のうち、どれでしょうか。チェックマークをつけてください。

	1	2	3
子どもの行動のあり方について はっきりした方向性を示す	□	□	□
子どもへの期待をはっきり言葉で伝える	□	□	□
はっきり説明する	□	□	□
子どもの学びを助ける	□	□	□
子どもが自分の頭で 考えるように後押しする	□	□	□
人との衝突を解決する技術を教える	□	□	□

Step 3 お子さんの考え方・感じ方を考える

この年頃の子どもは、**なぜ**こんな行動をとるのでしょう？

Step 4 課題を解決する

今度は、子どもの発達段階に関する観点から、1～3の対応方法をあらためて見直してみましょう。あなたのお子さんの発達段階に配慮しているといえる対応方法にチェックマークをつけてください。

1 □

2 □

3 □

Step 5　ポジティブ・ディシプリンで対応する

ここまで、あなたの子育てにおける長期的な目標や、温かさ・枠組みを与える方法、そしてあなたのお子さんの発達段階について振り返りました。これらを踏まえて、あなたなら１～３のどの対応方法を選びますか？

実践トレーニング

［場面設定］

……………………………………が

……………………………………

……………… したとき、あなたは何をしたらよいでしょう？

考えられる対応方法を３つ書いてください。

1 ……………………………………

……………………………………

……………………………………

2 ……………………………………

……………………………………

……………………………………

3 ……………………………………

……………………………………

……………………………………

Step 1　長期的な目標を思い出す

あなたが決めたいくつかの**長期的目標**のうち、この場面に関係する目標はどんなものがありますか？

1～3の中から、あなたの長期的な目標に近づく方法を選び、チェックマークをつけてください。

1 □

2 □

3 □

Step 2 温かさと枠組みを意識する

１～３の対応方法を、**温かさ**を与えるという視点から、あらためて見直してみましょう。以下に挙げたのは**温かさ**を与える行為の例ですが、これらに当てはまるのはのは１～３の対応方法のうちどれでしょうか。チェックマークをつけてください。

	1	2	3
安心感を与える	□	□	□
無条件の愛を示す	□	□	□
愛情を表現する	□	□	□
発達段階に配慮している	□	□	□
子どもの欲求を感知する	□	□	□
子どもの気持ちへの共感を示す	□	□	□

今度は、1～3の対応方法を、**枠組み**を示すという視点からあらためて見直してみましょう。以下に挙げたのは**枠組み**を示す行為の例ですが、これらに当てはまるのは1～3の対応方法のうち、どれでしょうか。チェックマークをつけてください。

	1	2	3
子どもの行動のあり方についてはっきりした方向性を示す	□	□	□
子どもへの期待をはっきり言葉で伝える	□	□	□
はっきり説明する	□	□	□
子どもの学びを助ける	□	□	□
子どもが自分の頭で考えるように後押しする	□	□	□
人との衝突を解決する技術を教える	□	□	□

Step 3　お子さんの考え方・感じ方を考える

この年頃の子どもは、**なぜ**こんな行動をとるのでしょう？

Step 4　課題を解決する

今度は、子どもの発達段階に関する観点から、１～３の対応方法をあらためて見直してみましょう。あなたのお子さんの発達段階に配慮しているといえる対応方法にチェックマークをつけてください。

1 □

2 □

3 □

Step 5　ポジティブ・ディシプリンで対応する

ここまで、あなたの子育てにおける長期的な目標や、温かさ・枠組みを与える方法、そしてあなたのお子さんの発達段階について振り返りました。これらを踏まえて、あなたなら１～３のどの対応方法を選びますか？

まとめ

本書の全編を通して、ポジティブ・ディシプリンの４つの原則を、順を追ってみなさんにご紹介しました。それらの原則は、子育てにおける長期的な目標をしっかりと認識し、温かさと枠組みを与えながら、お子さんの考え方・感じ方への理解を深め、課題を解決していくことの重要性を示しています。

あなたは、それぞれの発達段階の子どもとの日常によく見られる難しい場面を思い描きながら、たくさんの演習に取り組みました。この経験は今後、あなたの子育てにおいて、さまざまな難しい場面の解決を図るのに役立つはずです。

確かに、私たちは感情的になると、ものごとをはっきりと考えることが難しくなります。自分の感情が高ぶってきたと感じたなら、深呼吸をし、目を閉じて、次の３つのことを思い出すよう努めてください。

1　子育てにおける、あなたの長期的な目標

2　温かさと枠組みを与えることの大切さ

3　お子さんの現在の発達段階

この３つを心に留め、少し時間をかけ、対応方法を練るようにしてみてはどうでしょう。

子育ての目標の達成に一歩近づき、かつお子さんの健やかな成長に必要なことを尊重する、そんな方法をぜひ考えてください。そういった子育てを実践できれば、あなたはお子さんに、いらだちや人との衝突、そして怒りに向き合う方法を、日常を通して教えられるようになります。それは暴力を使わずに生きる知恵をお子さんに授けることになり、またお子さんの自尊心——自分自身を大切に思う心——を培うことにもなるのです。そして何より、あなた自身がお子さんから尊敬されることにもなるでしょう。

完璧な親など、どこにもいません。私たちはみな間違いを犯します。でも、私たちはそういった失敗から教訓を得て、次はもっと上手にできるように成長する必要があるのです。どうぞ、子どものちからをのばす前向きな子育てを楽しんでください。

> 子どもに関わるどんな対応をとるうえでも、その子の最善の利益をいちばんに考慮しなければなりません。
>
> 国連「子どもの権利条約」第3条

あとがき

このガイドを通じて「ポジティブ・ディシプリン」のすすめる考え方や実践方法について、みなさまとともに丁寧に見てまいりました。本書にある考えや方法が、子どもたちと過ごすみなさまの日々のお役に立つことを心から願っています。セーブ・ザ・チルドレン・ジャパンは、この『ポジティブ・ディシプリンのすすめ』が多くの方々に読まれ、大人と子どもとの関係を振り返ったり、それについて多くの人が語り合ったりするきっかけになることを期待しています。

最後に、読者のみなさまにお願いです。本書を読んでお感じになったことやお考えになったこと、そして「こんなときにはどうしたらいいのか？」という疑問などを、ぜひ私たちにお寄せください。子育て中の方、子どもに関わる仕事をしている方、それぞれの視点や立場から率直なご意見や感想をお聞かせください。

ポジティブ・ディシプリンで描かれているような親子関係や大人と子どもの関係がより多くつくられるために、みなさまからのたくさんの声が必要です。

セーブ・ザ・チルドレン・ジャパンはすべての子どもが子どもらしく、そして健やかに成長できる世界の実現を目指しています。そして、子どもたちの成長を支える多くの方と協力し、共に歩んでいきたいと考えています。

セーブ・ザ・チルドレン・ジャパン

● 本書についてのご意見・ご感想をお寄せください ●

セーブ・ザ・チルドレン・ジャパン

□ メールアドレス　japan.kosodate@savethechildren.org

□ 電話　03-6859-0070

□ fax　03-6859-0069

http://savechildren.or.jp

[ビジョン]

セーブ・ザ・チルドレンは、

すべての子どもにとって、生きる、育つ、守られる、参加する「子どもの権利」が実現されている世界を目指します。

[ミッション]

セーブ・ザ・チルドレンは、

世界中で、子どもたちとの向き合い方に画期的な変化を起こし子どもたちの生活に迅速かつ永続的な変化をもたらします。

【著者紹介】

ジョーン・E・デュラント（Joan E. Durrant, Ph.D.）

ジョーン・E・デュラント博士は児童臨床心理学者であり、カナダのマニトバ州ウィニペグ市にあるマニトバ大学で、家族社会学科の教授を務めています。これまで数多くの子どもとその家族に接し、子どものちからをのばす前向きな解決法を見いだす援助をしてきました。

デュラント博士は、親が子どもに手をあげてしまう要因や、子どもへの体罰を禁じる法律がもたらす効果について研究しています。それらの研究の結果は、「*Child Abuse and Neglect*」、「*Journal of Social Welfare and Family Law*」、「*International Review of Victimology*」、「*International Journal of Children's Rights*」、「*Youth and Society*」といった学術雑誌や、書籍において読むことができます。

また、カナダの「子どもと若者への体罰に関する共同声明」(*Canadian Joint Statement on Physical Punishment of Children and Youth*) の第一研究者であり、執筆者の１人でもあります。さらに、国連事務総長の指示により実施された調査・研究「子どもに対する暴力」の研究諮問委員会で委員も務めました。ユネスコの「体罰の根絶――建設的なしつけを目指して」(*Eliminating Corporal Punishment: The Way Forward to Constructive Discipline*) の編者の１人でもあります。

一般の家族を対象とした教育活動にも積極的に取り組み、カナダ政府の依頼により子育てに関する資料を作成するなど、体罰の問題および子どもの力をのばす前向きな子育て法について、子育て中の親や、子育て支援等に携わる専門職向けに、講演会やワークショップを多くの国で実施しています。

【監修者紹介】

公益社団法人　セーブ・ザ・チルドレン・ジャパン

「子どもの権利」のパイオニアとして

セーブ・ザ・チルドレンは、子ども支援活動を行う、民間・非営利の国際組織です。1919年に、イギリス人のエグランタイン・ジェブによって創設されました。彼女は第一次世界大戦で荒廃したヨーロッパで、敵味方の枠を超えて、栄養不良に苦しむ子どもたちの援助に取り組みました。その活動の中で、子どもの権利に関する世界初の公式文書とされる「ジュネーブ子どもの権利宣言」を起草。その理念は、現在196の国と地域が締結している国連の「子どもの権利条約」へとつながり、世界に広がっています。

現在、日本を含む世界約120ヶ国で子ども支援活動を展開。子どもの権利のパイオニアとして、国連や各国政府からもその専門性を認められ、世界中で、子どもを取り巻く環境に変革をもたらしています。

日本で、世界で。

日本では、1986年にセーブ・ザ・チルドレン・ジャパンが設立され、国内外で、行政・地域と連携し、子どもたちとともに活動を行っています。海外では保健・栄養、教育などの分野で活動するほか、自然災害や紛争における緊急・人道支援を行っています。また、国内では、子どもの貧困問題解決や、自然災害時の緊急・復興支援、子どもがあらゆる暴力から守られるための社会啓発・政策提言活動を通して、子どもの権利を実現する活動を行っています。

【訳者紹介】

柳沢圭子（やなぎさわ・けいこ）

上智大学外国語学部英語学科卒。翻訳業。訳書に、『アスペルガー症候群・高機能自閉症の人のハローワーク』『自殺で遺された人たち（サバイバー）のサポートガイド』『きこえの障がいってなあに？』（以上、明石書店）などがある。

親力をのばす0歳から18歳までの子育てガイド

ポジティブ・ディシプリンのすすめ

2009年 5月 5日　初版第1刷発行
2024年 4月15日　初版第8刷発行

著者　ジョーン・E・デュラント
監修者　公益社団法人セーブ・ザ・チルドレン・ジャパン
訳者　柳沢圭子

発行者　大江道雅
発行所　株式会社明石書店
〒101-0021
東京都千代田区外神田6-9-5
電話　03-5818-1171
FAX　03-5818-1174
振替　00100-7-24505
https://www.akashi.co.jp
ブックデザイン　吉森太助
組版　明石書店デザイン室
印刷　モリモト印刷株式会社
製本　モリモト印刷株式会社

ISBN978-4-7503-2980-2　Printed in Japan